BIBLIOTHÈQUE UTILE

À TOUS.

LE LIVRE
Du Marchand EPICIER

OU TRAITÉ COMPLET
DU COMMERCE DE L'ÉPICERE

CONTENANT :

1° L'histoire de l'épicerie; 2° les connaissances
que doit posséder l'épicier
et les qualités qu'il doit avoir, etc.

LE PROCÉDÉ

De fabrication des différentes marchandises vendues dans l'épicerie, les explications réglementaires sur les débits de boissons.

PAR MAUGER.

PRIX 3 FR.

A SAINTES

Chez FONTANIER, Éditeur

LE LIVRE

DU MARCHAND ÉPICIER

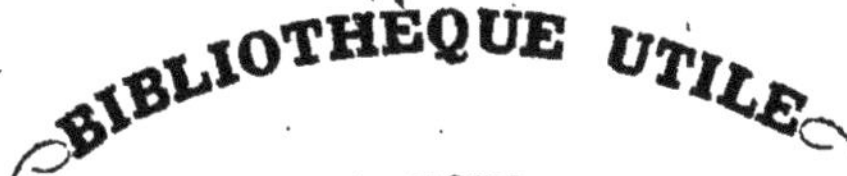

A TOUS.

LE LIVRE
Du Marchand EPICIER

OU TRAITÉ COMPLET

DU COMMERCE DE L'ÉPICERIE

CONTENANT :

1° L'histoire de l'épicerie; 2° les connaissances
que doit posséder l'épicier
et les qualités qu'il doit avoir, etc.

LE PROCÉDÉ

de fabrication des différentes marchandises vendues dans l'épicerie, les explications réglementaires sur les débits de boissons.

PAR MAUGER.

PRIX 3 FR.

A SAINTES

Chez FONTANIER, Éditeur.

—

1862.

NOTE DE L'AUTEUR

Je serai reconnaissant envers Messieurs les Epiciers de toutes les observations qu'ils voudront bien me faire sur ce livre. Je tiendrai compte dans la prochaine édition de toutes les améliorations qui pourront m'être signalées: les procédés de fabrication, de conservation, de constatation des altérations ou sophistications, etc., qui me parviendront y seront insérés avec le nom et l'adresse de celui qui me les aura adressés, pourvu toutefois que ces procédés soient reconnus utiles.

MAUGER.

A Les Moitiers-en-Bauptois, par St-Sauveur (Manche).

LE LIVRE

DU MARCHAND ÉPICIER

INTRODUCTION

NOTIONS HISTORIQUES.

On appelle *épices* proprement dites certaines substances végétales d'une odeur aromatique, d'une saveur forte et piquante, qui entrent dans la préparation d'une foule de compositions alimentaires pour en rehausser le goût et leur communiquer des propriétés toniques et échauffantes; tels sont le poivre, le piment, la muscade, la girofle, la cannelle, la moutarde, etc.

On donne particulièrement le nom de *drogues* aux épices employées dans les préparations pharmaceutiques ou tinctoriales.

L'*épicerie* comprend, outre les épices proprement dites, les articles de consommation usuelle, tels que le miel, le sucre, le café, le thé, le savon, le vinaigre, l'huile, la chandelle, et autres denrées indigènes ou exotiques d'un usage journalier dans l'économie domestique.

Les *épiciers* formaient autrefois le second corps des marchands de Paris; ils avaient pour armoiries coupé d'azur et d'or, sur l'azur à la main d'argent, tenant des balances d'or, et sur l'or deux nefs de gueules flottantes aux bannières de France, accompagnées de deux étoiles à cinq pointes de gueules, avec la devise en haut : *Lances et pondera servant.*

Leur bureau était au cloître de Sainte-Opportune. Ils avaient pour patron Saint-Nicolas aussi bien que les drapiers, et cela, disaient-ils à cause que leurs marchandises viennent par mer ou par le moyen des mariniers, dont St-Nicolas était aussi le patron, ou à cause que du tombeau de St-Nicolas, évêque de Myrre, il sort une huile qui opère de merveilleuses guérisons.

En 1517, leur confrérie se tenait dans l'église de l'hôpital Ste-Catherine, en 1546 à la chapelle Notre-Dame, à St-Magloire, en 1572, au chœur de Ste-Opportune, et depuis 1587, au maître autel des Grands-Augustins.

Sous la dénomination d'épiciers, on comprenait autrefois les apothicaires, les chandeliers mêmes, marchands de chandelles, y étaient unis; de plus, certains artisans qui faisaient des sauces et vendaient de la moutarde, qu'on appelait sauciers et moutardiers. Or, dit Sauval, à cause des abus que les sauciers et les moutardiers commettaient dans l'apprêt et manière de leurs sauces, en 1394, on leur donna des gardes qui prenaient le nom de *gardes épiciers et sauciers.*

On voit par cette mesure que le respectable corps des épiciers est depuis longtemps sujet à caution, et qu'il a fait plus d'une tache à ses armoiries.

A l'égard des chandeliers, ils sont demeurés dans le corps des épiciers jusqu'au milieu du 15e siècle.

En 1450, il leur fut défendu par lettres du roi de vendre aucune épicerie, mais simplement du suif, de l'huile et semblables graisses et denrées; et de plus, de même qu'aux sauciers et aux moutardiers, on leur donna des gardes du métier de chandelier et suif, tantôt jurés et gardes épiciers et chandeliers du suif. Depuis 1459, le roi par d'autres lettres défendit aux épiciers de vendre les mêmes choses qu'eux.

Mais pour venir aux épiciers et aux apothicaires, on ne peut trouver de titre qui fasse mention des apothicaires avant 1484; mais au contraire il y en a de 1321 où les autres sont nommés des *officiers marchands d'avoir le poids,* et c'est sans doute à cause que les apothicaires et les épiciers avaient en dépôt l'étalon royal des poids de Paris.

Le corps des apothicaires est donc bien moins ancien que celui des épiciers. On voit néanmoins par toutes les chartes de ce temps-là, qu'ils ont toujours été aux épiciers; c'est toujours ensemble, et jamais séparément, que les actes en font mention, cela n'empêche pas qu'ils n'aient eu de gros procès entre eux, tant pour leurs emplois que pour leur préséance.

Au Moyen-Age, l'épicerie proprement dite et la droguerie constituaient, dit M. Pelouze, un commerce qui appelait souvent de vastes capitaux, mais surtout des connaissances de la méthode, le génie de la spéculation lointaine. On ne pouvait guère, à moins d'être favorisé par un hasard heureux, profiter dans ces carrières, sans y apporter de l'étude, des connaissances en géographie, celle de la matière médicale, des produits exotiques.

Mais dans nos temps modernes, et à notre époque surtout, l'épicier proprement dit n'est plus qu'un marchand dont l'occupation est de vendre en détail une infinité d'articles de consommation entassés pêle-mêle dans sa boutique. C'est un commerce qui tient presque à tous les autres commerces, et qui pour cela n'a plus de caractère propre. L'épicier n'est plus droguiste ni apothicaire, mais en revanche il est tout à la fois chandelier, marchand de vins, de commestibles, tels que jambons et saucissons; à côté de ses pots de confitures, on trouve des boîtes à cirage, et sur les baquets pleins de sel et d'huile s'élèvent des étagères garnies d'oranges, de citrons, de tablettes de chocolat, de pralines, de bonbons, etc. En un mot, c'est une promiscuité de toutes choses.

Qualités essentielles à l'épicier

L'épicier, comme tout commerçant, doit posséder certaines qualités d'où dépend le succès de son commerce, savoir : *aptitude, esprit cultivé, calculateur, mémoire et activité, habitude d'ordre et d'économie, probité et bonne foi, politesse et bon ton.*

L'aptitude est cette disposition naturelle que l'épicier a pour cette branche de commerce.

On doit entendre par ces mots *esprit cultivé*, cet immense bienfait de l'instruction acquise qui fait votre jugement certain, votre bon goût et l'entendement positif de vous faire apercevoir avec plus ou moins de subtilité, avec plus ou moins d'étendue le bien des choses intellectuelles et la moralité des actions. C'est l'art de diriger votre attention vers les choses que vous devez connaître et apprécier, et qui ont pour obstacle à votre attention : la distraction, l'étourderie, la mollesse et le goût de l'oisiveté.

L'esprit calculateur fait vivement apprécier les choses, il s'acquiert surtout par l'habitude, la mémoire les fait retenir longtemps, l'activité les met en pratique, ces qualités se développent d'abord à l'école par l'étude des leçons élémentaires d'arithmétique, d'histoire, de géographie, etc., et dans le commerce, par la promptitude avec laquelle on fait les affaires ou qu'on en étudie le courant.

L'ordre dans les affaires est une place pour toutes choses; *l'économie* est de les soigner.

La *probité*, dit Juvénal, est comme le sein de la mer, elle rassemble toutes les vertus pour en composer l'homme de bien. Dans le commerce, c'est bien faire ses affaires en préférant les gains légers qui rendent la bourse pesante, parce qu'ils reviennent souvent, et non d'avoir la bourse lourde pour la vente de marchandises ou d'affaires qu'on ne pourrait avouer.

La *bonne foi* est d'agir directement; la confiance suit de près.

Politesse et bon ton : S'il est des relations commerciales une qualité précieuse par tous les avantages qu'elle procure, c'est assurément la politesse, c'est-à-dire ce qui est le lien commun du plus grand jusqu'au plus petit et qui fait que ceux avec qui on entretient des rapports sont contents et à leur aise.

En effet, l'épicier est appelé chaque jour à être en relation d'affaires avec sa clientèle : celle-ci se compose de personnes dont les caractères différents, les goûts et les caprices varient à chaque instant, et exposent souvent celui qui doit les recevoir et leur parler d'affaires, à des impatiences, à des réflexions, que l'épicier, pas plus que tout autre commerçant, ne doit pas seulement soupçonner ; c'est là un grand talent qu'il doit chercher à acquérir par tous les moyens possibles. En allant dans le monde ou chez ses clients pour affaires, l'épicier doit étudier toutes les formes de la civilité qui peuvent être apprises et pratiquées, et quand il les possède, ne jamais chercher à briller d'elles, et savoir toujours garder un modeste silence aux réflexions exprimées, ou y répondre avec cette manière que donne le bon ton.

Connaissances nécessaires à l'épicier.

1° L'épicier doit posséder une connaissance parfaite des poids et mesures métriques, et de leurs rapports avec les anciens poids et mesures.

2° Il doit aussi posséder la connaissance des quatre opérations fondamentales de l'arithmétique, des fractions ordinaires et décimales, de la tenue des livres en partie simple et en partie double, des effets de commerce, du style épistolaire.

3° Il doit connaître toutes les substances alimentaires et commerciales qui se vendent dans le commerce de l'épicerie, et posséder les notions nécessaires pour en reconnaître les altérations et les falsifications.

4° Enfin, il doit pouvoir fabriquer lui-même les principaux articles qui font l'objet de son commerce.

PREMIÈRE PARTIE

Substances alimentaires

BEURRE

Renseignements Historiques.

Il est parlé de beurre dans la Genèse, chap. 18, v. 8; mais Beckman prétend que c'est une méprise de traducteurs et que le mot devait être rendu par celui de crème ou de lait aigre.

Les Grecs n'ont connu le beurre que fort tard, et selon le même auteur, ils furent redevables de cette invention aux Scythes, aux Thraces et aux Phrygiens, et ce serait les Germains qui en auraient fait connaître l'usage aux Romains, qui ne s'en servaient qu'en remède et jamais comme aliment. Les Espagnols n'en firent très-longtemps que des topiques pour les plaies. Dans les ordonnances indiennes de Nimou, écrites 12 siècles avant l'ère chrétienne, il est question de beurre pour certaines cérémonies religieuses. Durant les premiers siècles de l'église, on brûlait du beurre dans les lampes; cette pratique s'observe encore dans l'Abissinie.

2*

Ce fut la disette d'olives qui, en 817, porta le concile d'Aix-la-Chapelle, à permettre aux moines l'usage du jus de lard, et, en 1490, le souverain pontife à permettre à la reine Anne, puis ensuite à la Bretagne, puis successivement aux autres provinces, l'usage du beurre en assaisonnements pour les jours maigres.

Préparation du Beurre.

Tout le monde sait que pour préparer le beurre, on abandonne d'abord le lait à lui-même, puis on enlève la crème avec un écrémoire, et l'on bat cette crème dans une carotte. Les particules de beurre se réunissent alors par l'agitation et se séparent de la partie liquide ou *lait de beurre*.

Le beurre à l'état frais, tel qu'on l'obtient directement et qu'on le consomme le plus ordinairement comme substance alimentaire, participe des qualités du lait ou de la crème dont il provient. Cela est facile à comprendre, car il conserve une partie de la matière aromatique dérivée principalement des herbes ou des fourrages et plus ou moins modifiée dans l'organisme des différentes bêtes laitières. Cet arôme léger, qui distingue le lait obtenu sur les bons pâturages, reste fixé dans le beurre, où se trouve toujours interposée d'ailleurs une petite quantité de sérum, de substance caséeuse, et participant aussi de la saveur agréable du lait de bonne qualité. Beaucoup de personnes ont pu remarquer combien le goût du beurre varie suivant les pâturages, les localités, les saisons et les espèces animales. Dans certaines contrées on obtient du beurre délicat, crémeux, doué d'un bouquet agréable ; souvent dans le voisinage même de ces contrées, le beurre, offre des caractères tout différents, plus consistant, d'une odeur graisseuse, et d'une teinte blanchâtre, son aspect et sa saveur ont quelque chose de peu agréable ou même de repoussant. Les beurres colorés naturellement d'un jaune très-légèrement orangé sont en général les meilleurs. Mais on ne peut se fier à cet indice : car dans le but de flatter l'œil des consommateurs, on a modifié la nuance au moyen de certaines substances colorantes jaunes ajoutées dans la carotte ; celles qu'on emploie le plus ordinairement sont la carotte et le jus de souci.

Altérations spontanées du Beurre.

Exposé à l'air, le beurre récemment obtenu s'altère promptement à sa superficie : sa nuance se fonce, il acquiert une odeur spéciale rance et un goût âcre plus ou moins prononcé. Ces changements sont beaucoup plus rapides durant les chaleurs de l'été, à cause de l'action de l'oxigène de l'air qui détermine des ferments; sous l'influence de ces ferments, la substance grasse neutre se décompose, les acides gras mis en liberté occasionnent une partie du changement si défavorable à la saveur de la substance alimentaire; les acides gras volatils, à odeur forte et quelque autre produit d'oxidation déterminent la rancidité dont chacun connaît les inconvénients.

Moyen d'enlever au beurre sa rancidité

Lorsque le beurre est devenu rance, on lui enlève sa rancidité en le battant dans une quantité suffisante d'eau, dans laquelle on a mis 30 grammes environ de chlorure de chaux par kilogramme de beurre.

Après avoir battu le mélange on peut le laisser en repos pendant une heure ou deux, puis on tire le beurre et on le bat dans de l'eau fraîche.

Autre moyen.

Un autre moyen consiste à le battre dans une quantité suffisante d'eau contenant 25 à 30 gouttes de chlorure de chaux, par chaque kilogramme de beurre. Après l'avoir bien battu, on le laisse reposer deux heures, et on le rebat dans l'eau fraîche, le même procédé enlève le mauvais goût au beurre frais.

Autre.

Enfin, pour enlever au beurre sa rancidité, il faut le laver dans une dissolution de 15 grammes de bicarbonate de soude par kilog.

Après cette opération, on doit bien pétrir et bien battre le beurre, le laisser séjourner deux heures dans une dissolution saline, puis le saler.

Moyen de préserver le beurre de la rancidité.

Pour préserver le beurre de la rancidité, on a recours, soit à la fusion, soit à la salaison. On chauffe le beurre au bain-marie (90 à 100°) pour en éliminer les ferments de l'air; ou bien après avoir lavé à plusieurs reprises le beurre avec de l'eau froide, et l'avoir égoutté, on le pétrit avec 4 ou 8 pour 100 de sel blanc et sec pulvérisé, ensuite on le conserve au moyen des procédés ci-après décrits.

Moyen de conserver le beurre.

On conserve le beurre dans des pots de grés

neufs, bien nettoyés, exemps de goût ou d'o-
deur quelconque. On recouvre la superficie du
pot d'une rondelle de linge à tissu clair, sur
laquelle on place une couche de sel blanc sec,
dépassant un peu les bords; on recouvre avec
une toile qu'on assujettit avec une ligature. On
peut ainsi conserver le beurre fondu d'une année
à l'autre.

Autre moyen.

D'après le procédé Twanley, on conserve le
beurre de la manière suivante:

Sucre..............	100 grammes.
Sel fin.............	200 —
Salpêtre...........	100 —

Employer 60 grammes de ce mélange par k.
de beurre. Débarrasser préalablement le beurre
de son petit lait. On pétrit le tout avec soin et
l'on met en baril. Le beurre se conserve ainsi
frais pendant plusieurs années.

Autre.

Suivant le procédé Belin, le beurre frais
doit être malaxé dans un linge en toile
double d'une étoffe de laine, puis pressé fortement pour en extraire l'eau et le petit lait; on
l'enveloppe ensuite de papier albuminé. Pour

cela, on prend des blancs d'œufs, qu'on bat en neige, et auxquels on ajoute, pour chaque œuf, un gramme de sel marin et un demi-gramme de sel nître. Dans ce mélange bien intime, on trempe bien les feuilles de papier bien séchées auparavant, puis on dessèche encore fortement après le trempage, en se servant d'un fer à repasser. Le beurre ainsi enveloppé de papier albuminé desséché se conserve frais pendant des mois et des années pourvu qu'il soit placé dans un lieu bien sec et surtout bien aéré.

Autre.

Mettre le beurre au sortir de la baratte dans de l'eau très-fraîche renouvellée tous les jours.

L'eau bouillie préalablement, puis refroidie, est la meilleure, parce qu'elle ne contient pas d'air.

OBSERVATIONS. — Pour conserver le beurre par les moyens que nous venons d'indiquer, il doit toujours être salé. On met 62 grammes de sel par kilogramme de beurre. Le beurre doit être placé dans des pots en terre neufs et parfaitement propres. Avant de le placer dans ces pots, le beurre doit être bien pétri et bien égoutté. On le foule alors exactement et de façon à éviter les vides où l'air se logerait; on recouvre la superficie du pot d'une rondelle de linge à tissu clair, sur laquelle on place une couche de sel blanc dépassant un peu les bords; on recouvre le tout avec une toile serrée qu'on assujettit avec une ligature.

Lorsqu'on entame un pot, on doit avoir soin de prendre le beurre par couches horizontales et le recouvrir toujours d'eau fraîche, afin d'éviter le contact de l'air.

Moyen de saler le beurre pour qu'il se conserve frais pendant plusieurs années.

On prend deux parties de sel de cuisine, une partie de sucre et une partie de salpêtre; on pile le tout et on mêle parfaitement. On répartit ensuite 30 grammes de ce mélange sur 500 grammes de beurre, que l'on pétrit avec soin jusqu'à parfaite incorporation des substances. Le beurre ainsi pétri se met dans des vases de grés bien lavés et très-secs que l'on a soin de bien boucher.

Le choix du sel, du sucre et du salpêtre propres à la préparation que nous indiquons n'est pas indifférent. Le sel doit être préalablement purifié et séché au four, le sucre doit être aussi bien blanc, pur et sec; le salpêtre, que beaucoup de personnes pourraient répugner d'employer par la crainte de provoquer des accidents n'est nullement dangereux à la dose que nous indiquons ; il ne peut agir que comme rafraîchissant. On doit avoir soin de se le procurer très-pur.

Huit jours après que le beurre a été déposé dans les vases, on s'aperçoit qu'il s'est tassé et qu'il s'est formé du vide entre lui et les parois; on prépare une forte saumure en mettant du sel épuré dans de l'eau chaude, tant que cette eau peut en dissoudre ; et on la verse froide et peu à peu sur le beurre jusqu'à ce qu'il en soit bien recouvert ; on porte ensuite les vases dans un lieu frais.

On emploie l'eau chaude pour préparer la saumure, en raison de sa propreté de dissoudre une plus grande quantité de sel.

Falsifications du beurre.

Le beurre peut être frelaté par la *craie*, le *fromage*, le *suif de veau*, le *beurre de qualité inférieure.*

Pour déceler la présence de la *craie*, il suffit de faire fondre le beurre : la craie étant plus lourde se précipite au fond du vase.

Le mélange avec le suif de veau se reconnaît facilement à l'odeur désagréable du suif.

Le mélange du beurre de bonne qualité avec un beurre de qualité inférieure se découvre en dépéçant la motte; le bon beurre ne recouvre le premier que d'une couche plus ou moins mince, suivant l'importance de la motte.

Quelquefois les pains de beurre contiennent en outre certaines substances étrangères, telles que du fromage blanc, des pommes de terre cuites, etc.; cette fraude peut se reconnaître en les sondant et en les brisant.

L'eau qui a servi au lavage du beurre et même le *lait* dans lequel le beurre s'est séparé, restent quelquefois en assez grande quantité dans ce corps gras. On constate cette fraude en explorant la masse dans tous les sens avec la lame d'un couteau; on aperçoit bientôt des gouttelettes du liquide qui a été laissé dans le beurre.

FROMAGES.

Renseignements Historiques.

La préparation du fromage remonte à la plus haute antiquité. Elle était connue des Hébreux des Egyptiens et des Grecs; les fromages étaient un mets très-recherchés des Romains et des Gaulois: ceux de Nîmes et des Alpes étaient particulièrement en faveur. Dans les Gaules, on exposait les fromages à la fumée des plantes aromatiques pour leur communiquer un goût particulier. A Rome et en Grèce, on trempait les vieux fromages dans du vinaigre pour leur restituer la première saveur.

Préparation des fromages.

Cet aliment, un des plus répandus dans toutes les classes de la société, se fabrique avec du lait de vache, de brebis ou de chèvre, soit seul, soit mêlé. Mais quoique le lait qui sert à le préparer soit à peu près le même partout, les diverses manières de le préparer donnent lieu à de très-nombreuses espèces, qui toutes se distinguent par une forme, un goût des qualités spéciales : la plupart sont désignés par le nom du pays où on les fabrique. Toutes néanmoins peuvent se ramener à trois classes : 1° les fromages *frais*, qui se mangent de suite ; les fromages *gras*, qui peuvent attendre quelques mois ; 3° les fromages *secs*, qui se gardent un an et au-delà ! Quand ces derniers sont très-vieux et ont un goût piquant, ils peuvent être très-malsains, et produire un empoisonnement, à cause des petits champignons ou végétations vénéneuses presque invisibles qui s'y introduisent et des sels acides que la fermentation y produit.

1° **FROMAGES FRAIS.** — Pour les préparer, on fait cailler le lait, soit en l'abandonnant à lui-même, à une température de 18 à 20 degrés, soit en y mêlant un peu de présure ou de jus de citron. On recueille le caillé dans des vases à claire-voie, d'où le petit lait s'écoule à travers un linge fin. Ce vase doit donner sa forme au fromage.

C'est de cette manière que se fabriquent les fromages dits *à la pie*, ainsi que les fromages de Neufchâtel, les fromages en cœur, etc.

2° **FROMAGES GRAS.** — Après avoir fait cailler et égoutter le lait comme pour les précédents, on sale et on presse à plusieurs reprises, puis on dépose le fromage à la cave sur un lit de foin. La fermentation l'amollit et le rend moelleux et gras. C'est ainsi que se préparent les fromages de *Brie*, de *Marolles* et du mont *Dore*.

3° **FROMAGES SECS.** — On les prépare de deux manières: par compression et par cuisson. Dans le premier cas, on commence comme toujours par faire cailler le lait, mais sans l'écrémer suivant le procédé indiqué plus haut: on pétrit le caillé et on le presse dans une passoire pour l'égoutter; puis on le place dans un cylindre percé de trous au fond, et on le charge d'un objet pesant. Quand la masse est devenue très-compacte, on l'arrose d'eau salée, puis on le saupoudre de sel blanc. Enfin, on lave dans du petit lait le fromage sorti de la forme, on le racle et on le met au frais jusqu'à ce que la croûte prenne une couleur jaunâtre. Tels sont les fromages de Hollande, d'Auvergne, de Gex, etc. Celui de Roquefort, qui se fabrique de même, est fait de lait de chèvre.

Les fromages cuits se font en chauffant d'abord le lait, un peu écrémé, dans une chaudière de la température de 25 degrés ; on y ajoute la présure et on bat le caillé pendant quelque temps, ensuite on le remet sur le feu jusqu'à ce qu'il devienne consistant et jaunâtre. On le retire du feu, on le remue, et on le met dans un moule où il est soumis à une forte pression pendant une journée. Enfin, on dépose les fromages à à la cave, où ils séjournent pendant plusieurs mois ; on les retourne toujours en les saupoudrant de sel. C'est par ce moyen que se font les fromages dit de *Gruyère*.

Conservation des fromages.

Les fromages gras et demi-gras doivent être renfermés dans un endroit frais et peu éclairé, pour que les mouches et autres insectes n'y pénètrent point. Les fromages maigres, durs et demi-durs, au contraire, doivent être conservés dans un magasin spécial, bien aéré, où règne une température modérée.

Si l'on s'aperçoit que les fromages gras ou demi-gras commencent à se gâter, on pratique au milieu un trou dans lequel on introduit de la craie pulvérisée, et bien sèche, qui absorbe l'humidité, cause de la fermentation putride; on arrête ainsi la décomposition. Pourtant il faudra se hâter de les livrer immédiatement à la consommation.

Pour garantir les fromages du contact des mouches et éviter les ravages des vers, les os de boucherie calcinés et réduits en poudre sont d'un effet certain. Les fromages sont saupoudrés de cette poudre calcaire inoffensive ; il vaut encore mieux y plonger entièrement les fromages placés dans une caisse de bois sous couvercle; les mouches ne pourront les atteindre et y déposer leurs œufs, qui engendrent les vers. Le poussier de charbon de bois est aussi un excellent préservatif pour la conservation des fromages. Mais, comme l'action desséchante du ver est très-énergique, on fera tremper les fromages ainsi conservés, avant de les manger dans du vin blanc, ou dans du vinaigre blanc très-affaibli, ce qui en ramollit la pâte et lui communique une meilleure saveur.

Les vieux fromages dont la croûte est dure,

bien qu'ils n'aient pas été conservés dans la poudre charbonneuse, peuvent aussi être trempés dans le vin blanc, qui les améliore sensiblement.

Lorsque les mites apparaissent sur les fromages, on applique sur la partie qu'elles ont envahie de l'huile ou de la cendre de bois de chêne, elles meurent immédiatement,

---

CAFÉ.

Renseignements Historiques.

Le *caféier* est un petit arbre qui peut s'élever à une hauteur de 15 à 20 pieds. Il est toujours vert comme le laurier, et produit à l'aisselle de ses feuilles des fleurs blanches de la figure et du diamètre de celles du jasmin d'Espagne. Dans leur calice parfumé et odorant, se trouve un fruit de la grosseur d'un bigarreau, vert-clair d'abord puis rougeâtre, ensuite d'un beau rouge et enfin d'un rouge obscur dans sa parfaite maturité. L'intérieur de ce fruit renferme deux baies ou deux graines accolées face à face. Ce sont ces deux baies qu'on appelle *grains de café.*

On assure que de temps immémorial les Ethiopiens connaissaient le *café*. La découverte des propriétés du café est environnée de fables, qui ne méritent point d'être rapportées. Ce que l'on sait de positif, c'est que vers le milieu du 15e siècle, un certain Gemaleddin, qui demeurait à Aden, ville et port fameux à l'orient de l'embouchure de la mer Rouge, voyageant en Perse, en rapporta l'usage du café, qui devint bientôt général à Aden, à cause de ses heureuses propriétés. De l'Arabie heureuse, il passa en Egypte, et lors de la conquête de ce pays par Selim, en 1517, il s'introduisit à Constantinople, où il triompha de la double opposition des Muftis et des Sultans. On le connut à Venise, vers 1615, à Marseille en 1654, et en 1664, le voyageur Thevenot l'apporta à Paris.

Variétés commerciales du Café.

Le café *Moka* est le plus estimé et celui qui développe le plus d'arôme; il est en grains inégaux d'un gris jaunâtre; un grand nombre de ces grains restent enveloppés dans le fruit desséché. Ces fruits sont extraits de la sorte dite *Moka trié*.

Le café *Bourbon* est en grains petits assez réguliers de grosseur, d'un gris jaunâtre, doués d'un arôme qui se développe par une torréfaction légère.

Le café *Martinique* se présente en grains plus volumineux et plus déprimés que les précédents: sa couleur est verdâtre et son arôme moins doux et moins abondant; trois sous-variétés sont appelées Martinique fin-vert, fin-jaune et ordinaire. On peut rapporter les trois autres commerciales à ces trois sortes. La plupart sont moins estimées; souvent on les mélange afin de varier l'arôme, après avoir traité à part les cafés verts, qui exigent une torréfaction plus prolongée.

On obtient d'excellent café en employant parties égales de café Moka et de café Bourbon, torrifiés séparément.

Torréfaction du Café.

Cette opération est un des points les plus importants pour obtenir cette boisson dans un état de perfection: c'est de cette préparation que dépend la bonté de ce breuvage. Or, il ne doit pas paraître indifférent d'y consacrer quelques lignes. Dans la torréfaction en vase clos, de cette graine, il est un point essentiel qu'on doit bien se garder de dépasser, afin de ne pas brûler ou charbonner le café, parce que, dans ce cas, il perd ses meilleurs principes solubles. La torréfaction doit donc être ménagée de manière à donner aux grains de café une teinte rousse marron.

Afin d'éviter que la caramélisation ne se prolonge pas au-delà du terme que nous venons d'assigner, on se hâte de verser le café hors *du brûloir* et de le vanner à l'air. En même temps que cette aération produit un refroidissement utile, elle fait dégager une petite quantité d'huile volatile pyrogenée à odeur désagréable, analogue à celle de la *corne brûlée*, et due à la caramélisation des substances azotées.

Dès que le café est froid, on le renferme dans des vases bien clos pour le moudre au moment de s'en servir.

Si la torréfaction avait été poussée jusqu'à coloration brune foncée, une partie notable de l'arôme agréable se serait évaporée et l'odeur empyreumatique des substances azotées serait plus forte.

Le café torréfié perd donc d'autant plus de ses principes solubles que la torréfaction a été poussée plus loin. Pendant la torréfaction il se développe un principe aromatique qui communique au café brûlé son parfum, et qui diminue à mesure que la torréfaction est plus avancée. Il en résulte que le meilleur café, comme boisson, est celui qui a été fait avec la graine faiblement torréfiée.

Infusion du café.

Afin d'obtenir la plus grande partie de l'arôme agréable, il faut effectuer rapidement la filtration de l'eau bouillante sur le café récemment moulu et dans la proportion de 100 à 120 gram. pour un litre d'eau. Par la filtration d'un seul litre d'eau bouillante sur 100 grammes de café torréfié jusqu'à la couleur rousse, on peut dissoudre 25 grammes de substances dans l'infusion. Si la torréfaction était poussée jusqu'à la couleur marron, le café ne céderait à l'eau que 19 grammes de matière soluble. » (*Payen*).

Falsification du café en grains crus.

Le café à l'état cru n'est guère sujet qu'à une espèce de falsification, qui est plutôt une altération accidentelle; elle est due à une immersion dans l'eau pluviale pendant les transports; desséché ensuite, il a perdu en partie la matière aromatique. C'est une sorte de qualité inférieure que l'on peut reconnaître par la torréfaction qui développe moins d'arôme.

Falsification du café torréfié en grains.

Une falsification nouvelle s'est produite dans ces derniers temps en vue de mieux tromper, l'acheteur. Elle consiste dans un mélange de café torréfié en poudre avec de la farine de maïs, de seigle, d'orge, etc. Ces matières agglomérées en pâte à l'aide de l'eau et de la chaleur, puis moulées sous forme de grains de café, desséchées puis torréfiées légèrement, ressemblent à s'y méprendre au café torréfié en grains.

Pour peu qu'on se défie de cette fraude, il est facile de la reconnaître ; les grains de ce faux café sont bien plus friables que ceux du café véritable. Il suffit d'en écraser quelques-uns pour découvrir la fraude.

Falsification du café torréfié et moulu.

La falsification la plus ordinaire du café torréfié et moulu consiste dans un mélange de chicorée torréfiée et réduite en poudre.

Le meilleur moyen de reconnaître cette falsification du café mélangé de chicorée consiste dans une observation sous le microscope ; les grains de café sont beaucoup plus gros que ceux de chicorée.

THÉ

Renseignements Historiques.

Le thé est un des produits végétaux alimentaires les plus remarquables par la suavité de son arôme; il occasionne une grande consommation de sucre et peut communiquer à d'autres substances plus nutritives, notamment au lait et au pain, un parfum agréable qui provoque l'appétit et stimule l'énergie vitale, ainsi que les facultés intellectuelles.

Le thé est un arbrisseau d'une hauteur de 1 à 2 mètres, que l'on cultive à la Chine et au Japon, les feuilles sont persistantes, d'un beau vert en dessus, d'un vert pâle en dessous; ses fleurs ne paraissent qu'en automne. Ce sont les plus jeunes feuilles de l'arbre à thé cueillies et desséchées qui constituent le *thé du commerce*.

Etabli de temps immémorial en Chine et au Japon, l'usage du thé s'est de là répandu dans l'Inde, l'Arabie, la Tartarie et la Perse, il ne s'est introduit en Europe que vers le milieu du 17e siècle, à la faveur des spéculations de la compagnie des Indes Hollandaises. La consommation du thé était déjà très-considérable en Angleterre à la fin du siècle dernier; aujourd'hui elle dépasse annuellement 12 millions de kilogrammes. L'usage en est moins répandu en France.

Préparation du thé.

Avant d'être livré au commerce, le thé est

préparé comme il suit : Dès que les feuilles ont été récoltées et triées, des ouvriers les plongent dans l'eau bouillante, les y laissent une demi-minute, les retirent ensuite, les font égoutter et les jettent sur des plaques de fer chauffées. On les étend ensuite sur des nattes, où on les roule avec la paume de la main jusqu'à leur complet refroidissement. Elles se présentent alors en petits rouleaux ridés, de couleur verdâtre, brune ou grisâtre, d'une odeur aromatique et d'une saveur agréable.

Infusion du thé.

La meilleure manière de bien préparer le thé au moment de le prendre consiste à prendre une pincée plus ou moins forte de feuilles desséchées ; après les avoir mises dans le fond d'une théière, on les arrose d'abord avec un peu d'eau bouillante, on couvre et on laisse infuser pendant quelques minutes, pour la remplir ensuite avec la même eau toujours en ébulition. La substance aromatique se développe alors graduellement et tout entière. On emploie environ 20 gr. de thé pour un litre d'eau bouillante.

Quant au sucre qu'il convient d'y ajouter pour l'édulcorer, ainsi que la quantité de lait ou de crème, elles dépendent des goûts et des habitudes du consommateur. Cette addition du lait ou de la crème ne doit être faite qu'après que le thé est entièrement refroidi, afin de conserver à celui-ci son arôme dans toute sa plénitude.

Falsification du thé.

Le thé est l'objet de nombreuses falsifications qui consistent principalement dans des substitutions de feuilles étrangères à celles du thé.

Les marchands y mélangent les feuilles du *prunier sauvage*, du *frêne*, du *sureau*, du *saule*, du *peuplier*, du *maronnier d'Inde*, de divers arbres du genre *orme*, etc. Un examen attentif du thé suffit pour reconnaître cette fraude.

CHOCOLAT.

Renseignements Historiques.

Le chocolat est une pâte faite avec la semence du cacaoyer, semence appelée cacao. Cet arbre est originaire du Mexique et de quelques contrées de l'Amérique méridionale. Les fruits de cet arbre, que l'on récolte à des époques différentes, au mois de juin et au mois de décembre, ont une assez grande ressemblance, avec nos concombres, et sont terminés en pointe. On trouve dans l'intérieur de ces fruits, au milieu d'une pulpe aigrelette, des graines ayant la forme d'une fève; ce sont ces graines que l'on connaît sous le nom de *cacao*, et qui servent à confectionner la pâte de chocolat.

Le chocolat n'est point une invention européenne; lorsque les Espagnols découvrirent le Mexique, en 1520, il faisait une grande partie de la nourriture des indigènes. Importé en Europe, il se répandit bientôt dans tout le Midi; son usage ne devint commun en France que sous Anne d'Autriche. Ce fut le cardinal de Richelieu qui, en France, en prit la première tasse.

Variétés commerciales du Chocolat.

On ne connaît qu'une seule tribu botanique de véritables cacaotiers comprenant plusieurs espèces :

Le *cacao Coraque*, le plus estimé, se récolte principalement sur la côte de Caracas, et dans la province de Bicaragua au Mexique. Il est, en général, plus gros, plus arrondi, et plus doux que les autres sortes.

Le *cacao Maragnan* présente une coloration

brune foncée; moins aromatique et plus amer que le caraque, il se vend à meilleur marché, et ne produirait seul qu'un chocolat peu agréable; mais le mélange de ces deux variétés donne un excellent chocolat.

Le *cacao Trinidad*, lorsqu'il est bien préparé, se rapproche du Caraque. Il a un arôme délicat qui s'allie très-bien avec les cacaos à meilleur marché; ces mélanges, avec un poids égal de sucre, produisent d'excellents chocolats.

Le *cacao des îles* est moins gros que le précédent; mais il est plus amer et plus onctueux. Il nous vient des Antilles, des Iles de France et de Bourbon.

Un bon chocolat doit présenter, en se rompant, une pâte fine, non graveleuse, exempte de cavités, qui, en la faisant fondre sur la langue, ne laisse aucune trace de rudesse. On doit rebuter celui qui est amer ou mariné, ce qui annonce un cacao trop vert ou trop torrifié.

Fabrication du Chocolat.

Voici comment, en général, on fabrique le chocolat. On nettoie bien les amandes dans un blutoir; ensuite à l'aide d'un brûloir à café, on leur fait subir une torréfaction légère et très-graduée, qui dessèche l'amande et réduit son volume en rendant friable sa coque ou son enveloppe crustacée.

Après que le cacao est retiré du brûloir et refroidi, on le passe entre deux cylindres, armés de broches, ou de clous en fer, qui concassent les coques, et facilitent leur expulsion par un vormage. Il faut, en outre, trier et enlever les germes.

Le cacao ainsi mondé de ses enveloppes et de ses germes est plus complètement séché dans une étuve, puis broyé dans un moulin, préalablement chauffé.

Dès que la masse est bien amollie par le frottement et par la chaleur qui liquéfie la matière grasse, sans cesser de broyer, on y ajoute le sucre par portions, de manière à entretenir la demi-fluidité de la pâte.

On achève ensuite le broyage par deux passages dans des moulins à trois cylindres, animés de vitesses différentes, afin d'effectuer un énergique frottement en même temps que l'écrasage.

On moule ensuite la pâte. Le chocolat devient dur en se refroidissant; il prend un peu de retrait de sorte qu'il est facile de le démouler pour l'envelopper dans des feuilles de papier et le livrer aux consommateurs.

Falsification du Cacao.

On falsifie quelquefois le cacao en le colorant avec de l'ocre rouge. Cette falsification est facile à découvrir : il suffit d'en brûler un échantillon. Si le cacao est naturel il donne des cendres d'un blanc grisâtre ; si, au contraire, il est mêlé d'ocre, il donne des cendres d'une couleur orangée rougeâtre.

Une autre falsification consiste à extraire du cacao une partie de la matière grasse (qui se vend à part 3 à 4 fois plus cher que le cacao lui-même), et de la remplacer par une autre matière grasse à bon marché, par l'huile d'olive, la graisse de veau, par exemple. On reconnaît aisément cette fraude en étendant sur une assiette une couche mince de cacao pulvérisé, et en le tenant pendant 15 jours dans un endroit chaud : les corps gras étrangers acquièrent alors une rancidité que l'on reconnaît facilement à l'odorat et au goût.

Manière de préparer une tasse de Chocolat.

On place la chocolatière remplie convenablement d'eau sur le feu jusqu'à ébullition ; on jette le chocolat cassé par petits morceaux, pour le remuer jusqu'à ce qu'il soit complètement dissous. Au bout de quelques minutes, on retire du feu et on laisse reposer; on fait chauffer encore un peu, et on agite en tournant fortement avec la paume des mains. Lorsque le chocolat est bien mousseux, on le verse dans la tasse.

SUCRE

Renseignements Historiques.

Dans le langage vulgaire on donne le nom de sucre à toute matière qui a une saveur douce et agréable, et plus spécialement au sucre de canne et de betterave.

Sucre dérive de *Scharkara*, qui, en langue sanscrite de l'Inde orientale, signifie *suc doux*.

La canne de sucre est une plante de la famille des graminées, cultivée dans les pays méridionaux, particulièrement aux Antilles et dans l'Inde. Elle s'élève de 2 à 3 mètres; son diamètre moyen est de 3 à 5 centimètres; sa tige est lourde cassante, d'un vert qui tourne au jaune dans le temps de la maturité; elle est remplie d'une moelle fibreuse, spongieuse et blanchâtre, qui est gonflée par un suc doux très-abondant.

La canne à sucre était connue et employée de toute antiquité en Chine et dans l'Inde. De là, elle passa en Arabie, en Syrie et en Egypte. Les Européens ne la connurent que par les conquêtes d'Alexandrie. Vers le milieu du 12e siècle, les Siciliens introduisirent dans leur île la culture de la canne; elle passa en 1420, à Madère, par les soins de don Henri, régent de Portugal, et, un peu plus tard, aux îles Canaries, qui, avec Madère, approvisionnèrent long-temps l'Europe. En 1506, l'Espagnol, P. d'Arança, apporta la canne à Saint-Domingue, où elle se multiplia rapidement. En 1643, les Anglais commencèrent, à la Barbade, la culture de la canne; les Français débutèrent à Saint-Chrystophe, en 1644, et à la Guadeloupe en 1648.

En 1747, Margroff découvrit le suc dans la betterave; le baron Koppi et Achard de Berbin essayèrent les premiers, en 1787, d'exploiter en grand cette découverte, mais on n'y réussit qu'en 1810, en France.

Extraction du sucre de la Canne.

L'extraction du sucre de la canne se fait aux

Indes et en Amérique. On écrase la canne au moyen d'une espèce de moulin, ou laminoir, composé de trois gros cylindres de fer, élevés verticalement sur un plan horizontal, ou sur une table entourée d'une rigole pour l'écoulement du suc: ce suc ou jus de canne s'appelle *vesou*. On chauffe le vesou dans une chaudière en cuivre, avec un peu de chaux pour séparer quelques matières étrangères; il se forme alors une écume qu'on enlève à mesure qu'elle se produit. Quand le jus est suffisamment clarifié on le concentre par la cuisson, et on filtre à travers une étoffe de laine dans de larges bassines; il se prend alors par le refroidissement en une masse cristalline, qu'on sèche ensuite pour l'expédier en Europe, où il est raffiné; c'est le *sucre brut* ou *cassonnade*.

On distingue dans le sucre brut la *mosconade* ou *cassonnade brune*, premier sucre que l'on tire de la canne; le *sucre passé* qui tient le milieu en la cassonnade brune et la cassonnade blanche, a déjà subi un premier degré de purification; enfin, le *sucre d'écume*, tiré des écumes dont on a parlé ci-dessus. Le sirop épais et brun, qui ne fournit plus de sucre cristallisable, forme la *mélasse* et s'utilise principalement pour la fabrication du rhum.

Raffinage du Sucre.

Le raffinage du sucre brut se fait en Europe. Les *raffineurs* blanchissent ce sucre en le faisant dissoudre dans l'eau, et projetant dans la solution chaude du sang de bœuf, ou du noir animal; on fait passer le sirop, ainsi clarifié, à travers des filtres d'une construction particulière et on le concentre par la cuisson; on le distribue ensuite dans des cônes en terre cuite renversés et percés à leur sommet d'un trou, qu'on tient bouché jusqu'à ce que la cristallisation soit achevée. Lorsque le sirop est entièrement solidifié dans ces formes, on procède au *terrage*, opération qui consiste à recouvrir la base du pain du sucre d'une bouillie d'argile blanche, dont l'eau, en filtrant peu à peu à travers toute la masse, dissout le sirop qui adhère encore aux cristaux et l'entraîne.

A quelques modifications près, on suit le même procédé pour l'extraction et le raffinage du sucre de la betterave. C'est dans nos départements du Nord, principalement dans l'Aisne, le Pas-de-Calais, la Somme et le Nord, que cette industrie s'est principalement concentrée.

Falsifications du Sucre.

Le sucre est falsifié de plusieurs manières.

La plus ordinaire consiste en plus ou moins grande quantité du *sucre de fécule.*

Pour reconnaître cette falsification, le moyen le plus simple et à la portée de tout le monde, consiste dans l'examen des caractères physiques du sucre : quand le sucre est rude au toucher, dur, à grains bien cristalisés et brillants, on peut être à peu près certain qu'il est pur. Mais lorsqu'il est mou, pâteux, et s'égrène sous les doigts, on peut le soupçonner de mélange.

On trouve aussi, mais plus rarement, le sucre falsifié avec du *plâtre,* de la *craie,* des *farines,* etc. On reconnaît la présence de ces matières en prenant un morceau de sucre suspect, et en le faisant fondre dans l'eau froide : le sucre seul se dissout, et les matières étrangères se précipitent au fond de l'eau.

MIEL

Renseignements Historiques

Le miel est produit dans nos contrées par l'abeille, insecte de l'ordre des hyménoptères, famille des mellifères, genre des apiaires sociales.

L'homme a su de temps immémorial exploiter les abeilles: la fable attribue l'invention de cet art au berger Aristée, fils d'Apollon et de la Nimphe Cyrène. Les anciens célébraient les abeilles du mont Ida, qui nourrirent Jupiter; celles de l'Hymette et de l'Hybla, qui fournissaient le meilleur miel.

Avant la découverte de l'Amérique, le miel tenait lieu de sucre.

Qualités du Miel

La nature des plantes dont les abeilles extrayent le suc exerce une influence très-marquée sur la qualité et les propriétés du miel: les abeilles qui butinent sur les plantes aromatiques de la famille des Labiées produisent des miels excellents, tandis qu'elles ne donnent que des miels peu agréables, comme ceux de Bretagne, lorsqu'elles vont se nourrir sur les fleurs de bruyère et de sarrasin. Les plantes vénéneuses fournissent des miels qui causent des vertiges et même le délire à ceux qui en mangent.

Parmi les différentes sortes de miels comestibles, désignés sous la dénomination de miels *vierges*, les meilleurs sont recueillis par un simple égouttage des rayons. Ceux que l'on obtient ensuite à l'aide de la pression ou de la chaleur se trouvent mêlés avec les produits liquides de couvains ou d'insectes restés dans les cellules céreuses et exprimés en même temps que le miel. Souvent ces derniers ont contracté une coloration plus foncée et une saveur désagréable.

Falsifications du Miel

Les falsifications les plus ordinaires du miel se font avec l'*amidon* et *différentes farines*.

On reconnaît ces falsifications en faisant chauffer le miel suspect : s'il est falsifié, il devient très-épais ; mais s'il est pur il se liquéfie.

On peut encore reconnaître les falsifications en faisant dissoudre le miel dans de l'eau froide ; les substances étrangères, étant insolubles et plus pesantes que le liquide, se séparent et se précipitent au fond du vase.

CONFITURES

On nomme *confitures* des aliments de luxe, de consistance de miel ou de gelée, qui sont préparés ordinairement avec des fruits ou leur jus et du sucre.

Les confitures doivent avoir la saveur franche

de la substance qui en forme la base.

Confitures de Prunes

Les plus estimées des confitures sont celles de prunes ; voici comment on les fabrique :

« Prenez telles prunes que vous jugerez à propos, comme de Périgord, de Reine-Claude, de Mirabelle, et d'autres sortes ; passez-les à l'eau chaude ; quand elles sont bien mollettes sous les doigts, vous les retirez avec une écumoire et les mettez dans de l'eau fraîche.

» Clarifiez 2 kilogrammes 1/2 de sucre pour un cent de prunes ; mettez vos prunes dans un vase bien propre une à une, pour qu'elles ne s'écrasent pas, et ajoutez-y votre sucre un peu plus que tiède. Tous les jours soir et matin, pendant quatre ou cinq jours, vous mettez égoutter vos prunes sur un tamis et vous faites bouillir votre sucre, que vous écumerez toutes les fois, et remettez vos prunes dans votre vase, et votre sucre par-dessus, toujours un peu plus que tiède.

» Il faut que votre reine-claude soit verte ; et si vous employez d'autres prunes, elles doivent conserver leur couleur également.

» Si, à la fin, vous voyez que votre sucre n'est point assez épais, vous le faites recuire en

ajoutant deux verres d'eau pour faciliter la clarification, et vous le jettez sur vos prunes tout
bouillant.

» Les confitures de poires de Roussellet et
celles d'abricots se font de la même façon que
les prunes. » (*Chevalier*, immense trésor des
sciences et des arts).

MARMELADES

Les marmelades sont des espèces de pâtes à
demi-liquides, faites de la pulpe des fruits ou
des fleurs qui ont quelque consistance, comme
les abricots, les pommes, les poires, les prunes,
etc.

Marmelade d'Abricots

Pour faire la marmelade d'abricots, on choi-
sit des abricots bien mûrs, on les coupe en deux
et on en sépare les noyaux; on pèse 15 livres
de ce fruit; d'une autre part, on fait cuire son
sucre à la plume; aussitôt on ajoute le fruit, on
remue ce mélange et on le fait bouillir jusqu'à
ce qu'il ait une consistance convenable, ce que
l'on reconnaît en en faisant refroidir un peu
sur une assiette; alors on y met les amandes

qu'on a séparées des noyaux et dont on a ôté
la peau, puis on coule dans des pots la marmelade tandis qu'elle est chaude, et on ne la
couvre que lorsqu'elle est entièrement refroidie. » (*Chevalier*, l'immense trésor).

Marmelade de Pommes

« Faites bouillir les pommes de Rainette entières dans de l'eau jusqu'à ce qu'elles commencent à fléchir sous les doigts ; retirez-
les pour leur ôter la peau : prenez-en la chair
que vous passez au travers d'un tamis en la
pressant fort ; mettez ce que vous avez de passé
dans une poêle sur le feu, jusqu'à ce qu'elle
soit bien épaisse ; faites cuire à la grande plume
le même poids de sucre et de marmelade ; mettez-les ensemble en les remuant avec une spa-
tule ou une cuiller de bois ; remuez sur le feu
seulement pour faire chauffer, en remuant toujours. Lorsque ce mélange commence à bouillir
vous l'ôtez et le mettez dans les pots, quand
il est un peu refroidi ; mais ne le recouvrez
que lorsqu'il est tout à fait froid. » (*Idem.*)

Marmelade de Prunes

« Otez les noyaux des prunes que vous voulez employer; prenez-en la quantité que vous jugerez à propos; faites-les bouillir sur le feu avec un peu d'eau jusqu'à ce qu'elles se mettent en marmelade; passez cette marmelade dans un tamis; remettez sur le feu ce que vous aurez passé, et faites-la bouillir jusqu'à ce qu'elle soit prête à s'attacher à la poële; ensuite vous la pesez et mettez la même quantité de sucre que vous avez de marmelade et un bon quart de litre d'eau; faites bouillir le sucre et écumez bien. Vous connaîtrez qu'il sera cuit en trempant deux doigts dans de l'eau fraîche, ensuite dans le sucre et après dans la même eau; et si le sucre qui reste à vos doigts casse net, alors vous y mettez votre marmelade que vous délayez avec le sucre en remuant sur le feu seulement jusqu'à ce qu'elle frémisse; puis mettez-la dans des pots quand elle est froide, et jetez un peu de sucre fin dessus. » (*Idem*).

Marmelade de Poires

« Faites cuire dans de l'eau jusqu'à ce qu'elles soient tendres dessous, la quantité de poires de Rousselet que vous jugerez à propos; ôtez-en la peau et n'en prenez que la chair, que vous passez dans un tamis; mettez-la sur le feu et la remuez toujours jusqu'à ce qu'elle soit prête à s'attacher à la poêle; ensuite vous la pesez et mettez la même quantité de sucre dans une poêle avec un quart de litre d'eau; vous faites bouillir et vous écumez; continuez de faire bouillir jusqu'à ce que, trempant l'écumoire dedans et la secouant, il se lève de longues étincelles qui se tiennent ensemble; mettez-y la marmelade pour la délayer avec le sucre sur le feu; quand elle commencera à frémir, vous la mettrez dans les pots, et quand elle sera froide, vous mettrez par dessus un peu de sucre fin. » (*Idem*).

Marmelade de Pêches

« Pelez des pêches, qu'elles ne soient pas trop mûres; ôtez-en les noyaux et coupez-les en petits morceaux; ensuite vous faites cette marmelade de la même façon que pour les abricots. »

(*Idem*).

Marmelade de Fraises

« Epluchez et lavez 250 grammes de fraises; faites égoutter et passez-les dans un tamis pour les mettre en marmelade. Mettez sur le feu 500 grammes de sucre avec un verre d'eau; faites-le bouillir et bien écumer, continuez de le

faire bouillir jusqu'à ce que, trempant l'écumoire dedans et la secouant, il en sorte de
longues étincelles; mettez votre marmelade de
fraises pour la délayer avec le sucre, en la remuant toujours sur un feu doux sans qu'elle
bouille, et mettez-la dans des pots; cette dose
est une règle pour la quantité qu'on veut faire. »

(Idem.)

Marmelade de Cerises

« Faites cuire un kilogramme de sucre de
la même façon que pour la marmelade de fraises ; ensuite mettez-y 2 kilogrammes de cerises,
après avoir ôté les noyaux et les queues, re-
muez-les avec du sucre, et faites bouillir ensemble jusqu'à ce que le sirop se colle dans
vos doigts ; puis, ôtez du feu pour le mettre dans
les pots. » (Idem.)

Marmelade de Framboises

« Faites cuire 500 grammes de sucre de la
même façon que pour les fraises. Quand il est à
son point de cuisson vous y mettez les framboises
préparées ainsi qu'il suit : épluchez un kilog. de
framboises, et passez-les dans un tamis pour les
mettre en marmelade ; mettez cette marmelade
sur le feu pour la faire dessécher, jusqu'à ce

qu'elle soit prête à s'attacher à la poêle; ensuite ajoutez-la au sucre, et faites lui faire quelques bouillons en la remuant toujours, puis mettez-la dans des pots. » (*Idem.*)

GELÉES

Les gelées sont faites de jus de fruits où l'on a fait dissoudre du sucre, et qu'ensuite on a fait bouillir jusqu'à une consistance un peu épaisse; de sorte qu'en se refroidissant, il ressemble à une espèce de glu fine et transparente. On fait des gelées d'un grand nombre de fruits, particulièrement de groseilles et de pommes.

Tous les sucs des fruits ne sont pas propres à former des gelées; il faut qu'ils soient un peu mucilagineux, comme ceux de poires, de pommes, de groseilles, d'abricots, etc.

Gelée de Groseilles.

« On met dans une bassine 7 kilog. 50 gr. de groseilles égrenées, et 6 kilog. de sucre concassé qu'on place sur le feu; à mesure que les groseilles rendent leur suc ou jus, le sucre se dissout; on remue dans le commencement avec une écumoire, afin que la matière ne s'attache pas au fond de la bassine. On fait bouillir ce mélange à petit feu, jusqu'à ce qu'il y ait environ un quart de l'humidité évaporée, où qu'en mettant refroidir un peu la liqueur sur une assiette elle prenne l'apparence d'une colle. Alors on passe la liqueur au travers d'un tamis sans exprimer le marc. On verse dans des pots la liqueur tandis qu'elle est chaude, lorsque la gelée est prise et refroidie, on couvre les pots.

« On peut faire la gelée de groseilles avec le suc dépuré de fruit, comme avec le fruit entier, mais elle est plus agréable lorsqu'elle est faite de cette dernière façon, à cause du goût du fruit qu'elle conserve d'avantage.

« La gelée de groseilles pour être belle, doit être d'une couleur rouge-vermeil, bien transparente, bien tremblante, et d'une saveur aigrelette agréable. On peut lui donner une couleur plus foncée en y ajoutant un peu de cerises noires. » (*Chevalier*, immense trésor des sciences et des arts.)

On prépare de la même manière la gelée de pommes, de poires, etc.

COMPOTES

Les compotes sont des fruits confits avec très-peu de sucre, faites au moment du besoin. Ces confitures n'étant point destinées à être gardées sont moins cuites et plus liquides que les confitures ordinaires.

Les compotes étant toujours fabriquées par le confiseur au moment du besoin, leurs procédés de fabrication seraient sans utilité pour l'épicier. Nous n'en parlons donc ici que pour mémoire seulement.

BONBONS

On connaît sous le nom de *bonbons*, les sucreries et pastillages que fabriquent les confiseurs, et dont beaucoup de personnes, principalement les enfants, font une très-grande consommation.

Notre but n'est pas de traiter ni de l'art du confiseur qui, depuis le commencement de ce siècle, a pris une si grande extension, tant par l'importance des affaires, que la perfection avec laquelle on est venu à reproduire en sucre les fleurs, les fruits, objets divers d'ornement et de curiosité. Nous ne traiterons ici que des bonbons et sucreries coloriées de teintes diverses, pour lesquels on ne fait que trop souvent usage de substances vénéneuses malgré les règlements de police, particulièrement l'ordonnance de septembre 1841, dans laquelle on a indiqué les substances colorantes prohibées, et celles que peuvent employer les confiseurs pour colorer les bonbons, pastillages, et dragées, etc.

Les substances prohibées sont : toutes les substances minérales (le *bleu de Prusse*, *l'oxyde de zinc*, et le *bleu d'outre mer* exceptés), et notamment :

Le *jaune de chrome* ;
Le *minium* ;
Le *vermillon* ;
La *céruse* ou *blanc de plomb* ;
Les *cendres bleues* ;
Le *bleu d'azur* ;
Le *vert-de-gris* ;
La *gomme-gutte*.

Toutes les *feuilles* ou *substances métalliques divisées*, autres que l'or et l'argent fins ; le *cuivre*, le *bronze poudre*, les *alliages de cuivre et de zinc* sont donc proscrits.

Plusieurs auteurs ont indiqué les moyens de reconnaître les falsifications de coloration des

bonbons et autres sucreries. Mais leurs procédés, quelque simples qu'ils soient pour les ma-
nipulateurs habitués aux expériences de labo-
ratoire, exigent des connaissances chimiques que
sont loin de posséder le grand nombre des épiciers. Il serait donc sans utilité pour eux de
reproduire ici ces divers procédés, puisqu'ils ne
pourraient en faire l'application. Ceux-ci donc
lorsqu'ils voudront savoir si un bonbon est coloré par une substance vénéneuse, prohibée feront bien de s'adresser aux chimistes, qui se
rencontrent généralement aujourd'hui dans les
laboratoires des cours d'enseignement, dans un
grand nombre de fabriques et dans les pharma-
cies.

Tout ce que nous venons de dire par rapport
aux bonbons s'applique également aux biscuits,
pâtisseries, dragées, pastillages et autres sucreries.

SEL COMMUN

Le sel commun, appelé aussi *muriate*, *sel
marin*, *sel de cuisine*, *sel de gabelle*, etc., est
celui qui sert aux usages culinaires, pour l'assaisonnement de nos aliments.

Ce sel est très-répandu dans la nature, soit en couches plus ou moins considérables dans le sein de la terre (*sel gemme*), soit en dissolution dans les eaux de la mer, de certains lacs et de certaines fontaines.

L'exploitation des mines de sel gemme se fait comme celles des carrières à chaux : on détache des masses plus ou moins considérables qu'on verse immédiatement dans le commerce. Le plus habituellement le sel gemme est diversement coloré par de l'argile, de l'oxide de fer ou des restes d'infusions, et il est chargé d'impuretés : pour le purifier, on le dissout et on le laisse cristalliser.

Les mines les plus considérables de sel gemme en France sont celles de Vic et de Dieuze.

En France on exploite particulièrement les lacs salés de Dieuze, de Moyen-Vic, de Château-Salins, de Salins, de Saulnot, etc. Quand les eaux que fournissent ces sources sont assez riches en sel, on les laisse immédiatement évaporer dans de grandes chaudières en fer ; lorsqu'elles ne renferment que quelques centièmes de sel on les soumet d'abord à une évaporation spontanée, en les faisant tomber sur des masses de fagots très-hautes et placées sous des hangards ouverts qu'on appelle *bâtiments de graduation*, où elles se concentrent de plus en plus.

Falsifications du Sel.

Le sel commun est l'objet de plusieurs falsifications. Les plus ordinaires se font par le *plâtre cru* et les *sels provenant de salaisons*, nommés *sels de morue*.

La falsification du sel par le plâtre cru se reconnaît en faisant dissoudre dans l'eau une certaine quantité de sel : le plâtre étant insoluble se précipite au fond du vase. En laissant déposer l'eau pendant quelque temps, elle s'éclaircit et on aperçoit facilement le plâtre.

Le mélange de sels de morue se reconnaît à l'odeur de poisson.

Enfin, il y a des sels qui sont par trop riches en *eau*. « Le sel, dit M. Chevallier, ne doit contenir que 8 pour 100 d'eau en moyenne ; si on l'a humecté par fraude, cette préparation peut s'élever jusqu'à 18 pour 100. » On s'en assure par la perte de poids qu'éprouve une quantité déterminée de sel, après la dissection.

POIVRE

Le poivrier est un arbrisseau sarmenteux qui

rampe à terre lorsqu'on ne lui donne pas de point d'appui pour l'élever; ses tiges sont souples, lisses, spongieuses et articulées; ses feuilles ovales, épaisses, portant cinq nervures; ses fleurs disposées en chatons ou en espèces de grappes simples therminales ou opposées aux feuilles.

Les fruits du poivrier sont de petites baies, de couleur noire, ridées en grains sphériques de la grosseur d'un petit poids; elles sont recouvertes d'une enveloppe brune, qui cache une graine blanchâtre et dure; d'une saveur âcre, aromatique et brûlante; desséchées et non dépouillées de leur écorce, ces baies ou fruits constituent le *poivre noir*.

On récolte les baies du poivrier, au nombre de 20 ou 30 sur chaque grappe un peu avant la maturité. On les expose au soleil aussitôt après la récolte, afin de les noircir d'avantage, et en même temps pour les sécher et les rider.

Dans le commerce on connaît trois variétés de poivre:

1° Le *poivre lourd*, le plus estimé, en grains sphériques, réguliers, peu ridés, pelliculés; il a une couleur brun-marron à l'extérieur; une amande bien nourrie, une cassure farineuse et jaunâtre. Il nous arrive surtout du Malabar.

2° Le *poivre demi-lourd*, en grains moins gros

et moins réguliers, plus profondément ridés. Son écorce est d'un brun grisâtre ; son amande est moins nourrie et moins dure ; sa cassure est d'un jaune plus pâle.

3° Le *poivre léger*, en grains inégaux, à écorce profondément ridée, d'un noir cendré. Les grains sont creux au centre ; il s'en trouve qui s'écrasent sous le doigt ; il est souvent chargé de pellicules de grains brisés. Le poivre léger nous arrive surtout de Sumatra.

MOUTARDE

La moutarde est une plante de la famille des crucifères, à fleurs d'un jaune pâle, composée de quatre pétales disposées en croix, formant des grappes qui sont bientôt remplies par de petites siliques cylindriques, biloculaires, dans lesquelles sont contenues des graines rondes, qu'elles laissent échapper à l'époque de la maturité. On en connaît un assez grand nombre d'espèces, dont une douzaine croissent naturellement en Europe.

La *moutarde noire*, vulgairement appelée *génévé noir*, est une plante annuelle qui croît très-abondamment dans les champs et les blés, sur les bords des fossés et des grands chemins. Par la culture cette semence devient meilleure; on la sème en mars et elle fleurit à la fin du printemps. Ses graines sont rouges à l'époque de la maturité, et noircissent à une époque plus avancée. La graine doit être réduite en farine; cette farine présente, lorsqu'elle est de bonne qualité, un aspect jaunâtre avec des pointes noires.

La *moutarde blanche*, vulgairement appelée *génévé blanc*, ne s'élève guère au-dessus de 40 à 50 centimètres, tandis que la moutarde noire s'élève jusqu'à un mètre 30 centimètres. Ses fleurs, d'un jauné pâle, donnent naissance à des siliques qui contiennent de chaque côté 3 ou 4 semences d'un blanc jaunâtre; ses graines sont doubles en grosseur de celles de la moutarde noire, et ont des propriétés moins prononcées.

La *moutarde des champs* est souvent si abondante dans les terrains cultivés, qu'elle offre, à l'époque de sa floraison, un vaste parterre de fleurs jaunes, très-agréables à la vue. Ses graines ont les mêmes propriétés que celles de la moutarde noire, mais elles sont moins actives.

Avec la farine qu'on tire des diverses moutardes, de la moutarde noire surtout, on prépare un condiment très-répandu, et dont l'usage remonte à l'antiquité : c'est la *moutarde*, ainsi nommée dit-on, parce qu'autrefois on préparait ce condiment avec le moût de raisin (*muotum ardens*), ou parce qu'elle est très-piquante (*multum ardens*).

On confectionne la moutarde de table de diverses manières; l'ensemble de ces manières constitue l'*art du moutardier*. Nous n'entrerons pas ici dans tous les détails que comporte cet art, nous nous contenterons de donner quelques recettes à l'aide desqu'elles l'épicier pourra confectionner lui-même la moutarde qu'il voudra.

Manière de faire de la Moutarde commune.

Prenez 500 grammes de moutarde en farine très-fine et récemment préparée, mettez-la dans le moulin, arrosez-la peu à peu avec du vinaigre et broyez jusqu'à ce que vous ayez formé une pâte fine, homogène et d'une consistance d'un sirop épais. Conservez dans des bocaux de grès, de faïence et de porcelaine soigneusement bouchés et goudronnés.

L'addition de la farine de blé nuit à la qualité de ce condiment ; il n'en est pas de même de celle du sucre, du moût de raisin, du girofle et autre épicerie, qui en augmentent la qualité. En Provence on y fait entrer des anchois, ce qui lui donne un fort bon goût.

Autre.

Prenez 6 kilogrammes de poudre de moutarde très-fine, 1/2 botte de ciboule, 1/2 botte de persil, 1/2 botte de cerfeuil, 3 têtes d'ail, 250 grammes de sel marin, 125 grammes d'huile d'olive fine, 60 gram. des quatre-épices (dont nous indiquons ci-après la composition), 40 gouttes d'essence de thym, 30 gouttes d'essence d'estragon. Pochez les plantes après les avoir bien nettoyées, puis faites les macérer, pendant 15 jours, dans une quantité suffisante de bon vinaigre blanc. Au bout de ce temps, broyez au moulin; ajoutez la moutarde à la matière broyée, et réunissez au mélange le sel, l'huile, les épices et les essences, préalablement délayées dans le vinaigre où a eu lieu la macération des plantes. Enfin, laissez reposer le produit pendant deux jours, et remplissez-en des pots de faïence, bien bouchés et goudronnés.

Autre

Prenez 5 litres de graines de moutarde de première qualité et autant de bon vinaigre blanc ordinaire. Faites infuser la graine dans le vinaigre pendant 8 jours, en agitant le mélange deux fois par jour, et en ajoutant du vinaigre de manière que les graines soient toujours humectées; ensuite broyez au moulin et délayez avec le vinaigre en une bouillie claire, puis mettez dans des pots.

Composition des quatre épices

Cannelle de Ceylan . . .
Girofle Anglais. . . . . .
Noix muscades. . . . .
Poivre de la Jamaïque. . .
} de chacun 500 gr.

Pilez ensemble, et passez à un tamis de soie fin.

CANNELLE

La cannelle est l'écorce, privée d'épiderme, des branches du *laurier cannellier*, arbre de moyenne grandeur qui croît dans l'île de Ceylan, en Chine, dans la Cochinchine, au Japon, aux îles de France et de Bourbon, aux Antilles, à Cayenne, et dans quelques autres partie de l'Amérique méridionale.

La cannelle est recherchée comme arômatique et comme condiment, dans l'art culinaire, dans l'art du confiseur, du parfumeur. Elle entre aussi dans un grand nombre de préparations officinales.

Dans le commerce, on connaît cinq sortes principales de cannelle : la *cannelle de Ceylan* ; la *cannelle de Chine* ; la *cannelle de Sumatra* ; la *cannelle de Cayenne* ; la *cannelle mote*.

La cannelle de Ceylan, qui est la plus estimée, est en faisceaux très-longs, composés d'écorces très-minces, roulées sur elles-mêmes, renfermées les unes dans les autres, ayant une couleur citrive blonde, une saveur agréable, aromatique, chaude, légèrement piquante et sucrée.

La cannelle de Chine, moins estimée que la précédente, et très-répandue dans le commerce, est en faisceaux plus courts et se compose d'écorces plus épaisses et plus rouges, non roulées les unes dans les autres ; sa saveur est chaude et piquante.

La cannelle de Sumatra tient le milieu entre les cannelles de Ceylan et de Chine ; elle est épaisse et mucilagineuse, et a souvent conservé une partie de son épiderme.

La cannelle de Cayenne, de première sorte, est fine, blonde, assez semblable pour le goût et l'odeur à la cannelle de Ceylan, mais elle est mal roulée et forme des cylindres inégaux et courts de la grosseur du doigt. La deuxième sorte a une saveur piquante; elle est rougeâtre, grosse, fibreuse, plus mal roulée que la précédente.

La canelle mote est l'écorce de tronc et des vieilles branches du cannelier de Ceylan et de Cayenne. Elle a une largeur de 6 centimètres, et une épaisseur de 3 millimètres. Sa couleur est jaune foncé à l'extérieur, jaune pâle à l'intérieur; elle a une saveur agréable, mais très-faible; elle est mucilagineuse, presque jamais roulée, en morceaux plats, quelquefois un peu convexés.

GIROFLE

Le giroflier est un arbre des Moluques, de 5 à 10 mètres de haut, à tronc pyramidal, à feuilles apposées, luisantes, toujours vertes, à fleurs roses et odorantes en ponnicules. Le giroflier a été transporté dans plusieurs localités, telles que les îles Maurice et Bourbon, la Guyanne, les Antilles, etc. Ses fleurs non encore prononcées sont ce qu'on appelle *clous de girofle*; desséchées, elles sont si légères qu'il en faut dix mille pour peser un kilogramme. Elles renferment une huile aromatique essentielle, épaisse, brune, très-pesante, d'odeur d'œillet, à laquelle elles doivent leur propriété aromatique et leur saveur âcre et brûlante.

Les clous de girofle s'emploient dans toutes les cuisines comme assaisonnement.

Dans le commerce on connaît plusieurs sorte de girofle :

1° Le *girofle anglais*, le plus estimé, est gros, court, d'une couleur brune, quelquefois un peu grisâtre, d'une saveur âcre et très-aromatique.

2° Le *girofle de Cayenne*, long, assez gros, de couleur brune, d'une odeur moins forte que le précédent.

3° Le *girofle de Bourbon*, et de l'*île de France*, petit, court, d'une couleur moins foncée, et d'une odeur moins forte que le girofle de Cayenne.

4° Le *girofle de Hollande* est d'un brun foncé, a un aspect huileux, une odeur forte, une saveur âcre et aromatique.

5° Le *girofle de Batavia* est très-sec, d'une couleur grise, et paraît avoir été robé dans du plâtre ou de la chaux.

6° Le *girofle de Sainte-Lucie* est d'un jaune blanchâtre, et ressemble au girofle de Cayenne, dans lequel on l'introduit assez souvent.

Le girofle, quelle que soit l'espèce, doit être choisi d'un brun foncé, huileux, pesant, d'une odeur très-aromatique, d'une saveur âcre et brûlante.

MUSCADE

La muscade ou noix muscade est le fruit du muscadier, arbre originaire des îles de Banda et d'Amboine, dans l'archipel indien, qui croît aux Moluques, aux îles de France et de Bourbon.

La muscade proprement dite est une amande onctueuse, à surface ridée, blanche extérieurement, jaunâtre et marbrée de rouge à l'intérieur. Elle est facile à couper ; son odeur est forte et arômatique, sa saveur est chaude et âcre. Elle est recouverte d'une coque brune, dure, peu épaisse, recouverte à son tour d'une membrane fibreuse, odorante, d'un rouge écarlate, qui devient jaune et dure en vieillissant: c'est l'arille connue dans le commerce sous le nom de *macis*. En dessus de cette peau est un bran charnu et filandreux.

La muscade est employée dans l'économie domestique comme arômate et comme condiment.

AMANDES

Les amandes sont les semences d'un arbre connu sous le nom d'amandier, qui croît dans tous les pays, mais cependant se plaît d'avantage dans les pays chauds.

On distingue deux espèces d'amande : les *amandes douces* et les *amandes amères.*

Les amandes douces comprennent deux variétés principales : les *amandes à coque dure,* et les *amandes à coque tendre.*

Les premières oblongues, ou presque rondes, sont appelées *amandes princesses;* on les débite dans le commerce ordinairement cassées et mondées de leur enveloppe ligneuse.

Dans le commerce, les amandes douces se divisent en cinq variétés principales :

1° *Amandes d'Espagne,* qui sont de deux espèces, les *Valence* et les *Jourdain.* L'amande du Jourdain se distingue de toutes les autres par sa taille et sa forme. Elle est plus longue que les autres espèces, car elle a 27 millimètres et plus en largeur, c'est pourquoi quelquefois on l'appelle *amande longue.* Elle est proportionnellement à sa longueur plus mince que les autres. Sa forme est oblongue ou à peu près. Elle est d'un goût plus délicat.

L'amande de Valence est un peu plus courte que la précédente, et plus large proportionnellement à sa longueur. Elle est de forme ovale, de couleur brune, et recouverte d'un épiderme poudreux.

2° *Amandes de Portugal*. Nous mentionnerons seulement celle dite *de Porto*. Elle est plus petite que la Valence, un peu ovale et moins large à sa base.

3° *Amandes d'Italie*. La principale espèce est l'amande de Sicile, qui ressemble à la Valence, mais elle est un peu plus petite.

4° *Amandes de Barbarie*. Elles sont petites et de qualité inférieure.

5° *Amandes des Canaries*. Elles ressemblent aux amandes de Sicile, mais sont un peu plus petites.

Les amandes amères se divisent en deux variétés principales : 1° *Amandes amères de Barbarie*. C'est l'espèce qu'on rencontre le plus fréquemment. Elle est petite et peut être distinguée, à la vue, de l'amande douce de Barbarie.

2° *Amandes amères de France*. Elles sont plus pâles en couleur, et un peu plus grosses que les amandes amères de Barbarie.

On divise aussi, dans le commerce, les amandes en deux sortes :

Amandes en coque;

Amandes sans coque ou cassées;

Les premières sont revêtues de leur coque li-gneuse. On en connaît quatre variétés différen-tes :

1° *Les amandes molières* ou de *Sicile*, très-dures, pesantes, épaisses ; la coque présente des sillons semblables à ceux des noyaux de pê-ches ;

2° Les *amandes dures*, à coque épaisse, lourde, difficile à rompre ;

3° Les *amandes à la dame*, à coque moins dure ;

4° Les *amandes Aberranne* ;

5° Les *amandes princesses*, auxquelles on a laissé seulement une pellicule facile à briser en-tre les doigts. Ce sont les plus estimées et les plus chères.

Ces quatre dernières variétés sont des amandes de Provence.

Les amandes sans coque ou cassées sont privées de leur coque ligneuse. On les divise sui-vant provenance en :

1° *Amandes de Provence*, les plus estimées et les plus belles ; elles se divisent elles-mêmes en trois sortes : *amandes flots; amandes triées* ou à la main; *amandes en sortes*.

2° Amandes d'Alicante.

3°   —   de Sicile.
4°   —   de Majorque.
5°   —   de Barbarie.
6°   —   de Grèce.
7°   —   de Chinon.

Ce qui fait le mérite des amandes cassées, c'est leur arôme, la finesse de leur pâte, la richesse des matières grasses qu'elles renferment et leur régularité de forme.

Les amandes doivent être choisies nouvelles, pleines, entières, bien nourries, sèches et bien saines.

HARICOTS

Le haricot commun est une plante herbacée annuelle, volubile, dépourvue de vrilles, à feuilles alternes, ternées et à fleurs disposées en grappe. Le fruit est une gousse oblongue, bivalve, renfermant un grand nombre de graines réniformes et farineuses, qui offrent un mets simple, agréable et nourrissant.

On distingue les haricots en deux classes : les haricots à ronces ou grimpants, et les haricots nains.

Les haricots à rame, ceux dont la tige doit

être soutenue par des échalas, sont: 1° Le haricot commun à fleurs blanches ou violettes et à gousses pendantes. Originaire des Indes, il se cultive depuis plusieurs siècles en Europe, où il donne de nombreuses variétés, dont voici les principales:

1° Haricot *de Soissons*, qui a le grain grand et plat. C'est le plus estimé pour la finesse de sa peau et de sa pulpe.

2° Haricot *sabre d'Allemagne*. Plat, blanc, de moyenne grosseur, variété d'un très-grand produit et d'excellente qualité; ses cosses sont longues et très-larges; jeunes, elles sont excellentes mangées en vert; ce haricot monte très-haut.

3° Haricot *Prague ou rouge*. Grain arrondi, rouge violacé, très-tardif, mais d'un excellent produit. Il a une variété jaspée de blanc et de noir.

4° *Riz*. Variété à grain fin et très-menu, excellent en vert et en grains frais écossés.

5° Haricots *de Picardie*. Grain presque rond, d'un rouge foncé, et d'un fort bon goût. Les gousses n'ont pas de filet, ce qui le rend aisé à préparer pour manger vert. Sa fleur est presque rouge.

6° Haricot *d'Espagne*. A fleurs, ne se cultive que comme plante d'agrément, et nous n'en parlons ici que comme mémoire.

Haricots nains ou sans rames. Ces variétés de haricots sont :

1° Haricot *hâtif de Hollande*. Cosse longue, étroite, hâtive. Très-bon en vert.

2° Haricot *flageolet* ou *nain hâtif*. Grain allongé, un peu dur, mais d'un bon goût, ses gousses sont étroites, mais longues et tendues en vert.

3° Haricot *nain de Soissons* et *nain blanc sans parchemin*. Ces deux variétés se ressemblent beaucoup; elles forment une grosse touffe très-rameuse. Les cosses sont longues et larges. Graine longue et plâte, de couleur blanche.

4° Haricot *nain d'Amérique*. Très-court, à touffe grosse et rameuse, très-féconde. Cosse grosse, renflée et courbée, est sans parchemin et rougit avant de mûrir. Le grain petit et long, de couleur blanche, est très-bon sec.

5° Haricot *Suisse*. Il y a plusieurs variétés dont les principales sont le *blanc*, le *rouge* et le *gris* de Bagnolet, enfin le *ventre de biche*.

6° Haricot *noir* ou *nègre nain*. Très-bon en vert.

7° *Rouge d'Orléans*, estimé surtout en étuvée; le grain est rouge et plat.

8° Haricot *nain jaune du Canada*. Grain presque rond, très-hâtif, et sans parchemin. Très-bon en sec.

9° Haricot *nain de la Chine*. Grain assez gros, jaune soufre pâle. Variété très-productive.

LEVURE DE BIÈRE

La levure de bière est une matière organisée, qui se produit pendant la fermentation de la bière.

La levure de bonne qualité est d'un blanc jaunâtre, tirant sur le chamois ; lorsqu'on la brise, elle doit se rompre nettement, sans exhaler d'odeur aigre.

La levure qui a la consistance de bouillie doit surnager dans l'eau chaude, et s'y délayer parfaitement par agitation. Un mélange composé d'un demi-litre de levure, une demi-cuillerée de rhum, 3 à 4 grammes de sucre et une cuillerée de farine, entre promptement en fermentation.

La *lie-baissière*, ou levure qui se dépose dans les vases où la bière a séjourné, est bien inférieure en qualité à celle que le dégagement de gaz amène à la surface ; cette mauvaise levure est plus compacte, plus épaisse et mêlée de corps étrangers.

La levure ancienne se précipite au fond de

l'eau chaude; si on la soumet à l'essai indiqué plus haut, on reconnaît son impuissance à provoquer la fermentation.

La levure de bière est un ferment très-employé dans l'économie domestique, notamment dans la boulangerie où elle sert à faire lever la pâte.

SUC DE RÉGLISSE

Le suc de réglisse est préparé avec la décoction de la racine de réglisse concentrée convenablement. On en trouve aussi qui est obtenu avec de l'extrait de réglisse, de la gomme arabique et du sucre et une quantité d'eau suffisante, et aromatisé avec de la poudre d'iris ou avec de l'essence d'anis. Ces deux préparations diffèrent par la forme. La première est ordinairement en billes ou bâtons un peu aplaties et arrondies aux extrémités : ce suc est solide, d'un beau noir, brillant, bien sec, cassant comme du verre, ne s'attachant pas aux doigts; sa cassure est lisse, sa saveur est douce, agréable, très-peu âcre; il est soluble dans l'eau. La seconde préparation est en grains, en petits bâtons cylindriques, quelquefois couchés en spirale.

Si le suc de réglisse n'a pas été préparé

avec soin, et si on l'a trop chauffé, il a un goût de brûlé. Si la pâte est de mauvaise qualité, elle est mollasse, rougeâtre, d'une cassure graveleuse.

RACINE DE RÉGLISSE

La réglisse est une plante du genre de la famille de légumineuses, section des Papilionacées. C'est une plante herbacée, à racines rampantes, à tiges longues, vivaces, à fleurs violacées ou purpurines, parfois blanches ou jaunes.

On fait usage de la racine de réglisse pour édulcorer les tisanes. Elle est cylindrique, longue, rampante, jaune, rayonnée dans l'intérieur par de petits vaisseaux nombreux et serrés, remplis d'un suc à saveur très-sucrée. Elle est un peu coriace d'une couleur gris-brun à l'extérieur, et d'un beau jaune à l'intérieur.

La réglisse est cultivée en France et dans le midi de l'Europe. On connaît dans le commerce quatre sortes de réglisse :

1° La *réglisse de Bayonne,* en racines très-longues, ordinairement assez grosses, grises en dessus et d'un beau jaune à l'intérieur.

2° La *réglisse de la Catalogne,* qui diffère peu

de la précédente; elle est mélangée de petites racines menues.

3° La *réglisse d'Alicante*, qui se distingue en deux sortes: la grise et la brune; elle est ordinairement moins grosse que les autres sortes.

4° La *réglisse de France*, qui est vendue sous deux formes, verte et sèche. Elle est en racines longues, unies, repliées sur elles-mêmes, d'un brun clair en dessus, d'un beau jaune à l'intérieur; elle a un goût agréable, mais moins prononcé que celui des réglisses d'Espagne.

TRUFFE

La truffe est une espèce de champignon comestible très-recherché pour sa saveur et pour son odeur.

Les truffes croissent, vivent et se reproduisent au sein de la terre: ce sont des masses informes, charnues, raboteuses, dont la grosseur varie depuis celle d'une noix jusqu'à celle d'un œuf, sans apparence de racine, et offrant à peine quelques signes extérieurs d'organisation; leur chair est ferme, traversée par des veines disposées en réseau et dirigées en tous sens.

Les truffes se trouvent dans toutes les contrées du globe: la France et le Piémont sont les pays qui en produisent le plus. Le Dauphiné, la Provence, le Languedoc, la Bourgogne, mais surtout le Périgord et l'Angoumois en fournissent en abondance. Les truffes du Périgord sont particulièrement estimées: sur place, elles valent 4 fr. le kilogramme; à Paris, leur prix varie entre 10 et 12 fr.; il s'est élevé quelquefois à 24 et 30 fr. le kilog.

L'espèce là plus importante est la *truffe comestible*, que l'on désigne ordinairement sous le nom de truffe noire; c'est la plus connue en France et la plus estimée pour sa saveur et son parfum, quand elle est jeune, son parenchyme est blanchâtre; elle constitue alors la *truffe blanche*, qui est dure, insipide, inodore et très-indigeste. Dans le commerce, la truffe noire est souvent mélangée avec deux autres, la *truffe d'été* et la *truffe d'hiver*, qui ont le même aspect, mais qui lui sont inférieures sous le rapport du goût.

La *truffe grise* est ronde, allongée, aplatie, à surface lisse et de couleur rousse ou gris sale, pouce et savonneuse au toucher; sont goût est excellent; malheureusement elle exhale une forte odeur d'ail; aussi l'emploi-t-on plutôt comme condiment que comme aliment.

Les truffes ont une odeur et un goût qui flattent le palais; elles excitent l'appétit et entrent comme assaisonnement dans une foule de ragoûts; on en farcit les volailles; mais elles sont indigestes et échauffantes, quand on en mange sans modération.

Conservation des Truffes.

Les truffes se conservent assez bien hors de terre pendant un mois, et même plus, pourvu qu'elles n'aient point été entamées, et qu'elles soient tenues à l'abri de l'humidité et de la grande chaleur, dans de la terre ou du sable. Quand on veut les conserver longtemps, il faut les faire sécher au four.

M. le docteur *A.-B. Lunel*, indique le procédé suivant pour la conservation des truffes :

« Après les avoir brossées et lavées dans plusieurs eaux, on les met dans des bouteilles qu'on remplit jusqu'au bouchon; on verse ensuite de l'eau dans chaque bouteille jusqu'au cinquième de sa hauteur, et après les avoir bouchées provisoirement, on soumet ces bouteilles à l'action d'un bain de sel, qu'on porte et qu'on maintient à l'ébullition, tout le temps nécessaire pour cuire les truffes, c'est-à-dire 30 ou 35 minutes à partir du moment où le bain est à l'état bouillant pour les flacons de demi-litre, et de 40 à 45 pour les bouteilles de litre. Cette cuisson terminée et avant de sortir les bouteilles du bain, on procède le plus vite possible au bouchage définitif. » (*Dictionnaire des secrets.*)

CORNICHONS

Le cornichon et une plante du genre concombre, originaire de l'Asie, et depuis longtemps transporté dans le potager. Il donne un fruit petit, vert, allongé, ordinairement un peu courbé, et connu lui-même sous le nom de *cornichon*. Ce fruit a produit successivement par la culture plusieurs espèces de concombres. La variété la plus communément employée est le *petit-vert*.

Les cornichons ou fruits du concombre commun, préparés au vinaigre, constituent un assaisonnement très-usité, vendu par les épiciers et les marchands de comestibles. Ils sont ordinairement préparés dans des bassins *ad hoc, en cuivre rouge non étamé*, afin de leur donner la belle couleur verte que l'on recherche.

Mais cette préparation donne lieu à la production d'un peu de vert-de-gris, qui peut avoir une funeste influence sur la santé des consommateurs. Il est donc de beaucoup préférable de se servir de vases de verre ou de porcelaine, parce que alors les cornichons ne deviennent point dangereux.

L'épicier ne doit jamais renfermer des cornichons vinaigrés dans des pots de terre vernis, parce que le vinaigre décompose le vernis, et alors les cornichons peuvent occasionner une colique de plomb au consommateur.

Il en est de même de toutes les autres substances alimentaires contenant du vinaigre, des salaisons, du vin, du cidre, de la piquette, des confitures, des matières grasses qui ont ranci.

JAMBON

Comme les bons jambons sont très-estimés et donnent lieu à une branche de commerce très-considérable, il nous paraît utile de traiter de leur préparation.

Les jambons d'Angleterre qui ne sont point fumés à la nouvelle méthode trouvent plus de partisans parmi les personnes non accoutumées à la chair fumée, que les jambons fumés de Westphalie, appelés jambons de Mayence.

La préparation anglaise se fait de la manière suivante : On prend un demi-kilog. de cassonnade pour 9 litres de sel et 64 grammes de salpêtre. On fait bien sécher le sel dans une poële, ensuite on le pile avec le sucre et le salpêtre jusqu'à ce qu'il soit réduit en poudre fine ; après quoi on râble fortement les jambons et on les laisse pendant trois semaines en saumure, en ayant soin qu'ils soient entièrement recouverts ; ensuite on les suspend à l'air jusqu'à ce qu'ils soient secs.

Cette quantité de saumure suffit à peu près pour saler trois jambons ; les petits n'ont besoin que de 15 jours de salage.

Dans la Westphalie, dont les jambons forment une branche de commerce si importante, ils sont râblés de sel, et mis en futaille d'une manière si serrée que la saumure les pénètre avec peine.

Au bout de quinze jours. on les retire de la saumure et on les accroche ordinairement dans une cheminée où l'on brûle du bois de hêtre, mais à une hauteur telle qu'ils ne puissent être atteints par la fumée chaude.

Après être restés à la fumée pendant trois semaines, ils sont descendus et transportés dans un lieu sec.

Il y a encore une autre méthode pour la préparation des jambons :

Le lard râblé avec du sel pilé et chaud se met

sur une table pendant 24 heures, puis on en ôte tout le sang et le sel au moyen d'un linge mouillé; ensuite il est mis dans la saumure suivante: on prend pour 64 kilog. de lard, un kilog. de cassonnade en poudre, 4 kilog. de sel et 250 grammes de salpêtre pilé; on y verse 12 litres d'eau de fontaine que l'on fait chauffer jusqu'à ébullition; on remue bien pendant ce temps la saumure, on l'écume, et, lorsqu'elle est refroidie, on la tamise.

Le lard est ensuite mis dans une barrique, et l'on répand sur chaque couche un mélange de 2 décigrammes de girofle, autant de poivre, 8 décigrammes des quatre-épices, le tout pilé; on verse également de la saumure sur chaque couche.

Le lard est retourné tous les trois jours dans la barrique, et au bout de 12 à 15 jours, il en est retiré pour être pendu à l'action d'une fumée froide; celle du chêne est préférable.

On peut se contenter d'exposer pendant 10 ou 12 jours ces jambons à la fumée, si elle est continue.

Le goût des jambons ainsi préparés surpasse peut-être celui des jambons de Wesphalie.

OEUFS

Conservation des OEufs.

On les plonge dans un lait de chaux où l'on met de la craie ; la matière s'attachant aux parois de la coquille, bouche les pores et empêche le contact de l'air, qui les fait gâter et on les met dans une cave.

Par ce moyen, on peut conserver les œufs très-longtemps.

Autre Procédé.

Prenez 500 grammes de sable blanc ou gris, autant de charbon blanc pulvérisé, et 100 gr. de sel marin. Mélangez ces substances et enfermez les œufs dans cette poudre, le tout mis dans un tonneau.

Autre.

Faites un lait de chaux peu épais, et lorsque la dissolution est froide, versez-la sur les œufs, puis déposez le vase qui les renferme dans un lieu dont la température soit égale.

Au moyen de ce procédé, les œufs se conservent pendant 8 ou 10 mois. L'expérience vient d'apprendre que, si à l'eau de chaux, on ajoute

30 grains de sel par litre d'eau, les œufs au bout d'un an, sont aussi frais qu'au moment où ils furent pondus.

Dans tous les cas, il importe que l'appareil qui renferme les œufs soit tenu dans un lieu frais et que les œufs ne soient jamais à découvert.

Moyen de constater la fraicheur des œufs.

Faites dissoudre 125 grammes de sel de cuisine dans un litre d'eau pure. Quand la solution est complète, plongez-y l'œuf : si l'œuf est du jour, il se précipite au fond du vase ; s'il est de la veille, il n'atteint pas le fond ; s'il a deux jours, il flotte dans le liquide ; s'il a plus de cinq jours, il flotte à la surface ; et la coque ressort d'autant plus qu'il est plus âgé.

HUILE D'OLIVE.

L'huile d'olive est une liqueur grasse, onc-tueuse, qui se tire des fruits de l'olivier, arbre de la famille des oléacées, à feuilles toujours ver-tes, longues de 3 à 6 centimètres, ovales, oppo-sées, d'un vert foncé, luisantes en dessus, d'un vert blanchâtre en dessous ; à fleurs monopétales, d'un blanc verdâtre, peu apparentes, disposées en petites grappes, à fruit drupacé renfermant un noyau, à loges monospermes. Toute l'huile est contenue dans la partie charnue de l'olive; le noyau n'en renferme pas. On sait que l'olive est un fruit charnu, ovale, ayant au centre un noyau dur et ligneux qui renferme une amande. Sa chair, ferme et verte avant la maturité, mollit en mûrissant, et se couvre d'une pellicule presque noire; c'est alors qu'on la presse pour en extraire l'huile.

L'huile d'olive est une des substances les plus importantes et a toujours occupé le monde commercial. Son usage remonte à la plus haute antiquité, puisqu'on raconte que Jacob versa de l'huile sur la pierre qu'il avait érigée à Bethel, en mémoire du songe qu'il avait eu. Les Grecs attribuèrent à Minerve la création de l'olivier ; aussi faisaient-ils présider cette déesse à tous les arts. Les Phéniciens retirèrent des bénéfices énormes des transactions qu'ils firent sur cet article avec l'Espagne.

Dans le commerce, on connaît plusieurs variétés d'huiles qui diffèrent par le mode d'extraction :

1° L'huile *vierge* ou *surfine,* ou de *première expression*, c'est celle qu'on obtient des olives portée au moulin immédiatement après leur récolte ; elle est douce, verdâtre et a un parfum agréable qui la fait rechercher des connaisseurs; on la prépare surtout aux environs d'Aix en Provence.

2° L'huile *ordinaire* ou de *deuxième expression* est celle qu'on obtient en délayant dans l'eau bouillante la pulpe des olives qui ont fourni l'huile vierge, en la soumettant à la pression. Elle est d'une couleur jaune, d'un goût moins agréable, et plus disposée à rancir que l'huile vierge.

3° L'huile *d'enfer* ou *l'amponte*, ou *de receuse* est celle que l'on extrait des tourteaux ou grignons de marc d'olives, dans des ateliers appelés *receuses*.

4° L'huile *fermentée* est celle qui est extraite des olives qui ont fermenté. Elle a une couleur verdâtre et contient une grande quantité de mucilage.

La bonne huile d'olive commence déjà à se concréter à 3 ou 4 degrés au-dessus de zéro ; elle se fige complètement lorsqu'on la place dans la glace pilée, tandis que les huiles plus communes avec lesquelles on la mélange quelquefois ne se figent pas à cette température.

Falsifications de l'huile d'olive.

L'huile étant d'un prix assez élevé, comparativement aux autres huiles de graines d'un prix inférieur, telles que l'huile *d'œillette*, de *navette*, de *colza*, de *noix*, de *fèves*.

Voici le meilleur moyen de reconnaître les fraudes : 1° les huiles de graines ne se congelant qu'à une température beaucoup plus basse que l'huile d'olives, on mettra une partie de l'huile dans une fiole de verre, et on la plongera dans l'eau à la glace, si elle est pure, elle se figera tout entière ; si elle est mélangée avec une huile de graines, une partie restera liquide, tandis que l'autre se figera. Si le mélange se composait de deux tiers d'huile d'olives et d'un tiers d'huile de pavot, il ne se figerait pas du tout.

Un autre moyen, et qui est le plus commun pour reconnaître la pureté de l'huile d'olives, consiste à remplir à moitié une fiole de l'huile suspectée, et à l'agiter fortement ; si elle est pure, après quelque temps de repos, sa surface devient très-unie ; au contraire, si elle est falsifiée, elle sera garnie de globules et formera le chapelet.

On falsifie aussi l'huile d'olive en y mêlant de la graisse de volaille ; mais alors il suffit de l'odorat pour reconnaître la fraude.

SAGOU

Le sagou est une fécule préparée aux molu-
que, avec la moëlle d'une espèce de palmier
nommé par Rhum *Sagonier*.

Le sagou est en grains plus ou moins gros,
plus ou moins réguliers, blanchâtres, roses ou
brunâtres, très-durs, demi-transparents, élasti-
ques, difficiles à broyer sous la dent et à pulvériser; sans odeur et d'une saveur fade et
douceâtre. Celui qui est en grains menus, réguliers et légèrement dorés, est préférable aux
autres.

Il arrive en futailles de tout poids, ou caisses
ordinairement de 75, 85 et même 100 kilog.

Dans le commerce, on connaît deux espèces
de sagou: le sagou *rouge* et le sagou *blanc*. Le
premier, qui est le plus estimé, ne doit cette
teinte rougeâtre qu'à un commencement de
torréfaction qu'on lui a fait subir.

Le sagou se dissout dans le lait et le bouil-
lon, et forme une sorte de gelée très-nourris-
sante, facile à digérer, très-avantageuse dans les
convalescences.

SALEP

On donne le nom de salep aux bulles des

orchides, et à la substance amylacée et alimentaire que l'on a tiré de ces tubercules.

Pour préparer cette substance on dépouille les tubercules de leur écorce et on les jette dans l'eau froide où on les laisse quelques heures. On les fait ensuite cuire dans l'eau bouillante, et après les avoir enfilés avec du crin ou du coton, on les laisse sécher au contact de l'air, ce qui leur fait prendre la consistance et la dureté de la gomme élastique. Dans cet état on peut les conserver indéfiniment, pourvu qu'ils soient à l'abri de l'humidité.

Quand on veut s'en servir, on les réduit en poudre, en les humectant préalablement d'un peu d'eau ; on en fait dissoudre une petite quantité dans l'eau bouillante, en l'arômatisant et la sucrant, et elle ne tarde pas, en se refroidissant, à se prendre en gelée demi-transparente. Cette gelée fournit une nourriture saine et légère, qui convient aux malades et aux convalescents.

Le salep de Perse est le plus estimé. Les Orientaux en font un usage continuel, et lui attribuent des vertus que l'expérience n'a pu confirmer.

En France, on peut extraire le salep de l'*orchide militaire*, et de l'*orchide Bouffon*, et d'autres espèces qui croissent dans nos contrées, mais ce salep est inférieur à celui qui vient d'Orient.

———

VINAIGRE

La découverte du vinaigre dût nécessairement accompagner celle du vin; la nature fit tous les frais de sa fabrication: un vase contenant du vin qui fut mal bouché, ou qu'on laissa ouvert ou à moitié rempli, présenta une nouvelle liqueur odorante, et d'une saveur nouvelle qu'on ne tarda pas à appliquer à l'économie domestique; telle est l'origine du vinaigre.

Mais lorsque la civilisation plus avancée donna une nouvelle impulsion aux arts, la préparation du vinaigre devint un art particulier. Cependant tous les vinaigres n'étaient pas égaux en bonté, ce que l'on attribuait à de prétendus secrets qu'avait chaque fabricant. Rien de plus simple cependant que la fabrication du vinaigre, ainsi que nous allons le voir. Tout le *secret* consiste à employer de bons vins, c'est-à-dire des vins très-spiritueux, car le vinaigre est d'autant plus fort que le vin d'où il provient est plus riche en alcool.

Sans entrer dans de plus longs détails, nous allons faire connaître successivement divers modes de fabrication du vinaigre.

Manière facile de faire du Vinaigre.

La manière la plus simple d'avoir toujours du bon vinaigre est de faire un baril de la contenance de 30 à 40 litres. Faites bouillir alors 2 litres d'excellent vinaigre, soit rouge, soit blanc, suivant celui que vous voulez avoir; versez-le dans le baril; bouchez la bonde; coulez-le dans tous les sens pour que le vinaigre touche les parois. Emplissez-le à moitié de vin de bonne qualité, et laissez-le 8 jours dans un lieu chaud. Au bout de ce temps, faites bouillir 2 autres litres de vinaigre, versez-le dans le baril; achevez de l'emplir avec du vin, et placez-le dans l'endroit où il doit toujours rester. (Il est bon qu'il ne soit point auprès des vins, cela pourrait les détériorer.) Un mois après, on peut s'en servir, mais il se bonifie et acquiert de la force à mesure qu'il vieillit. Mettez au baril un robinet de bois à 2 centimètres 1/2 du bord d'en bas; ne bouchez la bonde qu'avec un bouchon de paille: et toutes les fois que vous retirerez du vinaigre, remettez une égale quantité de vin; n'en employez jamais de bouté n'y de gâté pour cet usage; il n'y a que celui qui tourne à l'aigre que vous puissiez y mettre sans inconvénient, ainsi que le fond des tonneaux troublé sans être épais. Si c'est du vinaigre blanc que vous faites, ayez la plus grande attention de n'employer que des vins de garde, et surtout qui ne graissent pas, car vous perdriez votre vinaigre. Si vous en tiriez une grande quantité à la fois, et si ayant rempli de nouveau le baril vous vous aperceviez que votre vinaigre faiblit, il faudrait en prendre un litre ou deux de première qualité, le faire bouillir et le mettre dessus.

Autre.

Voici un autre procédé très-simple suivi dans plusieurs villes du Nord : il consiste à faire construire des tonneaux longs, dont la circonférence décroît à chacune des extrémités, lesquels forment une espèce de cône tronqué. Ces tonneaux ont une capacité qui varie depuis 60 jusqu'à 100 litres.

On les place sur deux poutres parallèles, qui sont unies ensemble par de fortes traverses, et sont creusées de manière à décrire un quart de cercle. On place une de ces barriques sur chacun de ces appareils; on la remplit aux trois quarts avec deux parties de vin et une de vinaigre; on bouche la barrique, on la tire de vers soi, de manière à la porter à une des extrémités de l'appareil; on la lâche en la poussant, et soudain elle roule d'une des extrémité à l'autre et finit par se fixer à l'endroit le plus bas ; on la reprend ainsi plusieurs fois de suite, et l'on repète cette opération 3 ou 4 fois chaque 24 heures, pendant 5 à 6 jours. Au bout de ce temps on laisse les tonneaux en repos pendant autant de temps, et l'on en extrait les deux tiers de vinaigre, que l'on conserve dans de plus petits barils.

Procédé très-prompt et très-expéditif pour faire de bon vinaigre.

On prend 192 grammes de crème de tartre, bien pulvérisée, qu'on arrose, et qu'on pétrit avec quantité suffisante de vinaigre. On laisse sécher cette pâte au soleil ou au four, puis on la mouille en répétant cette opération 8 ou 10 fois ; on obtient une poudre suffisamment acide pour convertir l'eau en vinaigre.

Autre.

Délayez 500 grammes de miel dans 8 ou 10 litres d'eau ; exposez ce mélange à un air chaud, pendant quelques semaines, et ainsi vous aurez de bon vinaigre.

Moyen de rendre le vinaigre plus fort.

On expose le vinaigre à découvert dans une

terrine en grès pendant une nuit de forte gelée ; la partie aqueuse se glace, et il ne reste que le vinaigre dans toute sa force.

Moyen d'empêcher le vinaigre de se gâter en été.

Pour empêcher le vinaigre de se gâter en été, il suffit de le mettre sur un feu très-vif et de le faire bouillir une seconde ; il se conservera ensuite parfaitement à l'air libre et dans des bouteilles à demi-pleines.

Conservation du vinaigre.

Le vinaigre doit être conservé dans des vases fermés, sinon il arrive : 1° que lorsqu'il a le contact de l'air, il perd la plus grande partie de l'éther acétique qu'il contient, et qui avec le temps, se convertit en acide acétique ; 2° lorsqu'il est resté plusieurs jours à l'air, sans être couvert, surtout en été, il s'y forme un nombre d'anguilles, qui sont douées d'une grande agilité, et qui sont quelquefois assez grosses pour être distinguées à la simple vue.

Falsification du vinaigre.

Le vinaigre du commerce est souvent falcifié : 1° on le coupe avec de l'*eau* ou avec du *vinaigre inférieur.* Pour découvrir cette fraude il faut prendre une certaine quantité de vinaigre suspect et la mettre dans de la craie. Le vinaigre absorbera plus ou moins de craie qu'il sera plus ou moins acide.

2° On mêle avec le vin qu'on veut convertir en vinaigre de la *bière,* du *cidre,* du *poiré,* de *l'hydromel* ; et pour masquer la faiblesse de ce vinaigre, on y fait infuser du *piment,* quelquefois un peu de gimgembre, du poivre, des *épices,* de la *moutarde,* du *raifort,* etc., et un peu d'eau-de-vie pour qu'il puisse se conserver. Ce vinaigre frelaté se reconnaît parce qu'il a une saveur âcre, amère et mordicante, surtout après qu'on l'a réduit en le faisant évaporer sur le feu.

3° Quelques vinaigriers enfin ajoutent à leur vinaigre un peu d'acide sulfurique : cette dernière fraude se reconnaît aisément en ce que ce vinaigre agace fortement les dents.

EAU-DE-VIE

L'eau-de-vie est une liqueur spiritueuse, obtenue en distillant le vin, le cidre, les grains, la pomme de terre, etc.

On entend généralement par *alcools* les liquides spiritueux qui se forment pendant la fer-

mentation du suc de raisin et de tous les liquides sucrés que l'on extrait des plantes, des racines et des fruits, ces alcools sont ordinairement
désignés par des noms particuliers , qui rappel-
lent souvent la substance d'où on les a tirés; tels
sont *l'alcool* ou *eau-de-vie de vin*, de *grains*, de
betteraves, de *pommes de terre* , de *fécules*, le
rhum, provenant de la fermentation de la mélasse
de canne; le *genièvre*, obtenu en distillant l'eau-
de-vie sur du genièvre: le *kirsch*, préparé avec
des cerises noires ou merises.

L'alcool est un liquide incolore, très-volatil,
très-subtil et très-combustible. Dans le commerce on ne le trouve pas dans son état de pureté
chimique: il est toujours mélangé avec une proportion d'eau plus ou moins grande.

Pour apprécier la proportion d'eau contenue
dans l'alcool, on se sert d'instruments appelés
aréomètre ou *pèse-liqueurs*, *pèse-alcools*, ou de
l'aréomètre centésimal de *Gay-Lussac*. Les aréo-
mètres les plus employés sont ceux de *Baumé*
et de *Cartier*. L'aréomètre légal est l'alcoomètre
centésimal de *Gay-Lussac*.

Dans le commerce on a l'habitude de distinguer les différents degrés d'espirituosité de l'alcool par des noms particuliers ou par des fractions.

Voici les titres et les noms vulgaires des différents alcools du commerce :

	Aréomètre de Cartier	Alcoomètre de Gay-Lussac	DENSITÉ
Eau-de-vie faible . .	16°	37° 9	0, 957
Idem	17°	42° 5	0, 949
Idem	18°	46° 5	0, 943
Eau-de-vie ordinaire	19°	50° 1	0, 956
Idem	20°	53° 4	0, 930
Eau-de-vie forte . .	21°	56° 5	0, 924
Idem	22°	59° 2	0, 918
Esprit trois-cinq . .	29° 5	78° 0	0, 869
Esprit trois-six . . .	33°	85° 1	0, 851
Esprit trois-sept . .	35°	88° 5	0, 840
Esprit rectifié	36°	90° 2	0, 835
Esprit trois-huit . . .	37° 5	92° 5	0, 026
Alcool à 40 degrés .	40°	95° 9	0, 814
Alcool absolu	44° 19	100° 0	0, 894

D'après le tableau qui précède, on voit que les premiers produits de la distillation, marquant depuis 16° jusqu'à 22° de l'aréomètre de Cartier, portent le nom *d'eau-de-vie*. On appelle particulièrement *preuve de hollande* ou *eau-de-vie ordinaire*, celle qui marque 19° et *eau-de-vie forte* celle de 21 à 22°. Au-delà de ce degré les produits alcooliques prennent le nom *d'esprits*, et le plus ou moins d'eau qu'ils contiennent s'exprime par les nombres indiqués sous la forme de fraction. Ces nombres font connaître la quantité d'eau qu'il faut ajouter à chaque partie d'esprit pour le ramener à l'état d'eau-de-vie ordinaire ou à 19°. Ainsi on nomme *esprit trois-cinq*, de l'alcool à 29° 1/2, parce qu'en prenant trois volumes de ce liquide et y ajoutant 2 volumes d'eau, on obtient 5 volumes d'eau-de-vie à 19 degrès. On appelle *esprit trois-six*, de l'alcool à 33°, dont 3 volumes mêlés à 3 volumes d'eau, produisent 6 volumes d'eau-de-vie à 19°. On appelle *esprit trois-sept*, de l'alcool à 35°, dont 3 volumes mêlés à 4 volumes d'eau produisent 7 volumes d'eau-de-vie à 19° etc.

Dans les relations administratives et dans les actes réguliers, on désigne le degré alcoolique en centièmes d'alcool: Ainsi l'alcool marquant 50, 60, 70, 80, 90 ou 100°, est celui qui, pour 100 parties en volume, contient 50, 60, 70, 80. 90 ou 100 d'alcool pur.

D'après ce qui vient d'être dit, il est facile de vérifier aisément la force ou qualité alcoolique des alcools simples (eau-de-vie, rhum, kirsch), à l'aide de l'aréomètre Cartier, ou mieux l'alcoomètre *Gay-Lussac*. Ce dernier aréomètre, plongé dans le liquide, montre sur la ligne d'affleurement ou ligne superficielle où sa tige s'enfonce, le chiffre indiquant les centièmes d'alcool total en volume que contient le liquide essayé : ainsi, si l'aréomètre marque 50 ou 60°, c'est que le liquide contient dans 100 parties de son volume total 50 ou 60 parties d'alcool pur, pourvu que la température de ce liquide soit à 15° du thermomètre centésimal.

L'eau-de-vie de vin a originairement une couleur blanche, mais son séjour prolongé dans les barriques de chêne lui fait acquérir, en vieillissant, la coloration jaune brunâtre qu'elle a ordinairement et qui est due à la dissolution d'une partie du tannin et de l'extratif contenu dans le chêne.

L'eau-de-vie de bonne qualité a une odeur aromatique, une saveur franche et chaude, qui se modifie avec le temps. Les eaux-de-vie les plus estimées nous viennent particulièrement du Languedoc, de la Saintonge et de l'Angoumois ; on les désigne sous les noms d'*eau-de-vie de Montpellier, eau-de-vie de Cognac* ou simplement *Cognac, eau-de-vie d'Armagnac,* etc.

Falsifications de l'Eau-de-Vie.

La seule bonne eau-de-vie est celle que l'on extrait du vin ; c'est aussi la plus exposée à toutes sortes de falsifications : on y mêle souvent de l'*eau-de-vie de grains* ou de *pommes de terre,* ou bien après l'avoir réduite avec de l'eau chargée de sel calcaire, on lui donne de la force en y faisant infuser du *poivre, du poivre long*, du *gingembre*, du *stramonium*, de *l'ivraie* du *laurier-cerise*, de l'*alun*. Plusiurs expériences sont nécessaires pour reconnaître ces diverses fraudes; les voici :

1° Prenez une certaine quantité d'eau-de-vie; faites-la chauffer sans la faire bouillir, jusqu'à ce que la vapeur ne s'enflamme plus. Si c'est de l'eau-de-vie de vin pur et bonne, le résidu aura une légère acidité vineuse, une saveur très-légèrement âcre, une odeur douce, analogue à celle du vin cuit; et si la liqueur, au contraire, était de l'eau-de-vie de grains ou de l'eau-de-vie falsifiée avec cette dernière ou avec de l'eau-de-vie de pommes de terre, le résidu aura une saveur empyreumatique désagréable, analogue à celle de la farine brûlée, âcre et piquant le gosier.

2° Faites évaporer un peu d'eau-de-vie dans une capsule de porcelaine; si elle a été falsifiée par le poivre, le poivre long, le gingembre, le stramonium, l'ivraie, à mesure que le liquide s'évapore, le résidu prendra une saveur d'autant plus âcre et plus forte que l'évaporation sera poussée plus loin; tandis que si l'eau-de-vie était naturelle, elle perdrait sa saveur spiritueuse et sa force par l'évaporation; poussez l'évaporation jusqu'à siccité, et si l'eau-de-vie contient de l'alun, vous trouverez cette substance dans la capsule.

3° Mettez dans un verre d'eau-de-vie un peu de potasse, de sulfate de fer et d'acide sulfurique ; si l'eau-de-vie contient du laurier-cerise, vous verrez, au bout de quelques instants, une certaine quantité de bleu de Prusse se précipiter au fond du verre. (*A.-B. de Périgord*).

RHUM

On appelle *rhum* l'eau-de-vie de sucre, obtenue, dans les colonies par la distillation, des mélasses et des écumes des cannes fermentées.

Le rhum se distingue de l'eau-de-vie ordinaire par un parfum tout particulier. Sa couleur naturelle est blanche et diaphane ; mais pour lui donner la couleur jaune ombrée qu'on lui connaît dans le commerce et afin de lui communiquer le goût particulier que les consommateurs exigent, on fait infuser dans une partie de la liqueur, en proportions qui varient à l'infini, suivant les fabriques, des *pruneaux*, des *clous de girofle*, du *goudron* et surtout des *rapures de cuir tanné* ; la coloration est complète par une addition de caramel.

On nomme *tafia* dans les colonies Françaises ce qu'on appelle *rhum* dans les colonies Anglaises. S'il y a quelque différence, c'est que le tafia est plus piquant que le rhum, et n'a pas un arôme aussi prononcé, parce qu'on n'emploie que des mélasses pour le faire, tandis que les écumes de sucre entrent pour une forte proportion, dans la fabrication du rhum. Le rhum le plus estimé vient de la Jamaïque.

Imitation du rhum de la Jamaïque

Pour imiter le rhum de la Jamaïque, il faut se procurer des fragments de canne à sucre, et les mettre dans un alambic, dans la proportion de 500 grammes pour 6 litres d'esprit et 3 lit. d'eau pure. On peut conduire rapidement la distillation pourvu qu'on fasse usage du sel convenu (dans la proportion de 30 grammes pour 3 litres de liquide), afin d'empêcher que la matière mucilagineuse ne s'élève avec l'esprit. Le produit bien rectifié et coloré avec du sucre brûlé, a tous les caractères d'un excellent rhum.

KIRSCH

Le *kirsch* ou *kirsch-wasser* est une liqueur spiritueuse qu'on obtient par la distillation des cerises. Le meilleur kirsch provient des cerisiers non greffés, connus sous les noms de mérisiers.

Le kirsch égale en force les spiritueux les plus puissants, sauf l'alcool : sa saveur parfumée, délicate et distinguée, rappelle un peu celle de l'amande amère ; il doit cette saveur à une faible quantité d'acide prussique contenue dans l'amande. C'est dans la Forêt Noire qu'on fabrique le meilleur kirsch, et qu'on le fabrique en plus grande quantité. On en fait aussi d'excellent dans les Vosges.

Voici comment, on prépare le kirsch : On ôte la queue des cerises, on les écrase avec un grand pilon, et on les place dans un local modérément chaud, dans un tonneau que l'on recouvre, et l'on remue. Au bout de 15 à 25 jours, et même d'un mois, la fermentation est terminée, alors on peut distiller. Pour que la matière ne brûle point dans la cucurbite, on l'agite, et on ne place le chapiteau que lorsque le liquide commence à bouillir ; on continue alors la distillation. Tant que la liqueur passe limpide, elle a la force désirée ou qui lui est propre ; dès qu'elle commence à se troubler, elle est faible, on la met de côté pour la distiller avec de nouvelle matière.

Kirsch de noyaux d'Abricots.

M. Julia ne Fontenelle a donné, pour obtenir ce kirsch, un procédé très-avantageux. On concasse un kilogramme de noyaux d'abricots séparés de leur coque, on les met en macération dans 50 litres de vin du midi, et le lendemain on distille pour obtenir 12 à 15 litres de produit, suivant la spirituosité du vin. On y fait dissoudre 375 grammes de sucre en poudre fine et l'on filtre rapidement. Cette eau-de-vie a la saveur de kirsch et peut être confondue avec lui.

Kirsch de Ménage.

On concasse une certaine quantité de noyaux de cerises qu'on laisse infuser, ainsi que leurs amandes, dans de l'eau-de-vie jusqu'au temps de la pleine maturité des abricots. Alors, on ajoute au mélange des noyaux d'abricots sans amandes ; on laisse encore infuser 60 jours ; puis on filtre la liqueur. (*Docteur Lunel*).

PUNCH

Le punch, boisson d'origine anglaise, est une

liqueur faite ordinairement en brûlant avec du sucre de l'eau-de-vie ou du rhum et en y égouttant les tranches d'un citron; on y mêle quelquefois du thé.

Voici la recette la plus usitée pour préparer un punch agréable :

Après avoir frotté la surface des citrons avec un morceau de sucre pour extraire l'huile essentielle aromatique, après l'avoir fait fondre dans une quantité plus ou moins grande d'une infusion faite avec le thé vert et un peu chaude, on y ajoute tout le sucre jugé convenable pour le rendre agréable à prendre ou, suivant le goût des personnes, après avoir exprimé le jus des citrons et mêlé exactement la quantité de liqueur alcoolique (eau-de-vie ou rhum) pour le rendre plus ou moins fort, le punch est fini. — On recommande d'y mettre le feu, pour le laisser brûler ensuite plus ou moins longtemps; mais c'est une opération fort mal raisonnée et même entièrement inutile, si elle n'y est pas nuisible; car, outre l'inconvénient de la rendre âcre, elle lui fait perdre tout ce qu'elle peut contenir de spiritueux; il vaudrait certainement mieux y mettre une quantité moins grande de liqueur alcoolique, quelle qu'elle soit que de la faire brûler et évaporer, inutilement.

(M. de Rosières).

ABSINTHE

L'absinthe est une plante vivace, qui croît naturellement dans presque tous les lieux incultes, et qu'on fait aisément pousser dans un jardin. La hauteur de sa tige est d'environ un mètre; ses feuilles sont glauques et fortement découpées; elles sont recouvertes des deux côtés, d'un duvet blanchâtre; les fleurs sont petites globuleuses, jaunâtres et placées au sommet des ramifications de la tige, où elles forment une espèce de panicule. Cette plante est extrêmement amère; c'est même de son amertume qu'elle tire son nom, qui signifie « privée de douceur. »

En distillant de l'alcool à 20° sur des sommités de cette plante, on obtient la liqueur connue sous le simple nom d'*absinthe*, et dont on fait un assez fréquent usage avant le repas.

Voici une recette donnée par le docteur Lunel pour préparer cette liqueur:

Essence d'absinte..........	4	grammes
Essence d'anis............	3	—
Essence de badiane........	3	—
Essence de fenouil........	1	—
Eau de roses.............	16	—
Esprit de vin rectifié à 40°..	10	—

Ajoutez :

    Esprit trois-six......... 2500 grammes

    Eau de fontaine......... 1000 —

Filtrez et mettez en bouteilles.

On colore l'absinthe en vert avec les feuilles ou le suc d'ache, les épinards, les orties, toutes substances qui ne sont pas nuisibles à la santé. On peut aussi la colorer avec quelques gouttes de décoction de safconum.

GENIÈVRE

Le genevrier commun est un arbuste à feuilles linéaires, toujours vertes, à fleurs monoïques, formant une baie grosse comme un pois, à 2 ou 4 noyaux.

Ses baies, appelées *baies de genièvre*, mettent 18 mois même 2 ans à mûrir ; elles ont alors une couleur violette, tirant sur le bleu ; leur pulpe, de couleur roussâtre, a une saveur douceâtre et aromatique. Par la fermentation, ces baies fournissent la liqueur nommée *esprit de genièvre* ou simplement *genièvre*.

Le genièvre dans son état naturel est ordinairement incolore ; s'il est frelaté par une substace végétale âcre, sa couleur est légèrement jaunâtrre.

Le genièvre doit marquer 19° Cartier, ou 48
à 50° à l'alcoomètre centésimal.

VIN

Renseignements Historiques.

Sous le nom générique de vin, on désigne
généralement le jus du fruit de la vigne soumis
à une fermentation plus ou moins avancée. Les
vins sont rouges, blancs ou rosés
De toutes les boissons fermentées usuelles, le
vin est la plus importante. En France, sur deux
millions d'hectares plantés en vignes, il se
produit, année commune, 40 millions d'hectol.
des vins les plus variés, la plupart recherchés,
des consommateurs de tous les pays, et dont la
valeur dépasse 500 millions de francs. Nulle
part ailleurs qu'en France le climat doux et
tempéré et les expositions favorables ne sont
aussi bien appropriées à la production des vins
légers, délicats et variés.

Soins de la Cave

La bonne cave fait le bon vin, dit un vieil
adage: cela n'est pas rigoureusement exact;
mais si une bonne cave est impuissante à mé-

tamorphoser de la piquette en Mâcon ou en Bordeaux, il est certain qu'en y séjournant, les vins médiocres s'y améliorent, et que les bons y deviennent délicieux, pourvu toutefois, qu'on leur donne tous les soins nécessaires dont nous parlerons tout à l'heure.

Une bonne cave doit être à l'exposition du nord, il faut qu'elle soit construite sur un sol à base pierreuse, et de manière à n'être ni trop sèche ni trop humide: trop sèche, elle accélère l'évaporation des vins; trop humide, elle pourrit les fûts et donne au vin un goût de moisi détestable et que rien ne peut lui enlever. La cave doit être garnie de soupiraux disposés de telle sorte que lorsqu'on ouvre la porte de cette cave il s'établisse aussitôt un courant.

Une extrême propreté doit régner dans toutes les parties de la cave; il faut la balayer souvent, détruire avec soin les limaces et les araignées qui s'y produisent et s'assurer fréquemment de l'état des fûts, car la destruction des cercles est quelquefois très-rapide, soit qu'elle ait pour cause l'humidité ou l'action pulvérisante de certains vers dont le travail incessant parvient souvent, en peu de jours, à faire éclater un fût cerclé à neuf.

Mais quelque soin que l'on prenne de la cave et des fûts, le contenu de ces derniers ne

demeure point intact : l'évaporation est inces-
sante. Il faut donc, tous les mois au moins, dé-
bonder les fûts et les remplir de vin de même
qualité que celui qu'ils contiennent, puis les
rebonder soigneusement.

Il faut aussi débarrasser les fûts de la moisissure qui peut s'y être attachée, en les bros-
sant fréquemment, et ne rien mettre dans la
cave qui soit susceptible de fermentation comme
bois, légumes, fromages, etc.

Le voisinage d'une écurie ou d'une fosse
d'aisance est désastreux pour le vin : cela lui
fait perdre à la fois sa force, son arôme et sa couleur. Il importe aussi que la cave ne soit pas
située de manière à subir l'ébranlement du sol
causé par les voitures, et qui fait que les vins
tournent promptement à l'aigre ou à l'huile.

**Manière de placer, dans une cave, les vins en
tonneaux. — Soins à donner.**

On place à la cave les vins en tonneaux, sur
des chantiers élevés de 12 à 13 centimètres,
faits en madriers équarris de 6 à 10 centimètres d'épaisseur, et soutenus par des traverses
de 4 à 8 pouces carrés, qu'on pose sur le sol
à un mètre de distance les uns des autres. Il
faut placer les tonneaux bien horizontalement :
s'ils inclinent en avant, la lie se rassemble près

du fond antérieur, et l'on se trouve condamné à poser la cannelle très-haut, afin que la lie ne sorte pas avec le vin ; s'ils penchent en arrière, la lie se rassemble contre le fond postérieur, se détache et se mêle avec le vin, lorsqu'après l'avoir tiré jusqu'au niveau de la cannelle on soulève la pièce pour faire couler ce qui reste. Quand, au contraire, un tonneau est placé horizontalement, la lie se rassemble au milieu de la cavité inférieure, et laisser s'écouler purement le vin clair. Il faut que les tonneaux soient bien assujettis sur les chantiers ; on met pour cela une cale de chaque côté. Il faut aussi laisser entre les tonneaux et le mur, un espace tel qu'on puisse facilement y passer une lumière, pour s'assurer qu'il ne coule pas de liqueur.

Il faut visiter les vins, dans une cave bien garnie, au moins une fois toutes les 24 heures, la surveillance doit encore être plus active aux environs des équinoxes. Tout étant alors en fermentation, les exhalaisons attaquent quelquefois si vivement les cercles, qu'ils éclatent tous ensemble. Dès que l'on s'aperçoit que le tonneau coule par suite de cet accident, il faut le serrer le plus possible, soit avec une corde ou tout autre lien, pour avoir le temps de le soutirer. Qant aux autres accidents qui peuvent arriver au tonneau, on doit appeler un tonnelier, qui a ordinairement les moyens d'y remédier.

Les tonneaux, ainsi que nous l'avons dit, doivent constamment être entretenus pleins ; et plus souvent on fait cette opération, moins l'évaporation est sensible et dispendieuse. Si l'on n'a pas soin de remplir les pièces, le vin s'altère, et il en résulte la perte du bouquet et l'évaporation du spiritueux, et le vin contracte un goût d'évent. Pour empêcher les progrès de cette altération, il faut le soutirer dans un tonneau fortement imprégné d'une mèche soufrée, le bien remplir et le boucher. On peut le coller ensuite, et le soutirer une seconde fois, mais il ne faut le mettre en bouteilles qu'après qu'il a entièrement perdu son mauvais goût. Quand cette altération est bien prononcée, il faut absolument recourir au mélange avec un vin plus jeune et spiritueux, et encore dans des proportions doubles et triples.

Manière de préparer les tonneaux quand ils sont neufs.

Le vin absorbant facilement et promptement les émanations des corps qui l'environnent, il faut faire la plus grande attention aux tonneaux dans lesquels on le renferme, et les mettre en état de le recevoir. Voici ce que prescrit à cet égard M. Chaptal dont le nom fait autorité.

1° Lavez le tonneau avec de l'eau froide, puis mettez-y un litre d'eau salée et bouillante; bouchez-le et agitez-le en tout sens; videz-le et laissez bien couler l'eau. Ayez un ou deux litres de moût qui fermente, et jetez ce liquide bouillant dans le tonneau; bouchez, agitez, et faitez couler. 2° On peut substituer du vin chaud aux préparations ci-dessus. 3° On peut encore employer une infusion de fleurs et de feuilles de pêcher, etc. En Bourgogne, on met le vin nouveau dans des tonneaux neufs. Quelques particuliers les lavent avec de l'eau chaude et des feuilles de pêcher. Cette méthode a l'avantage d'imbiber le tonneau et d'épargner un litre de vin. On met les vins faits et vieux, lorsqu'on les soutire, dans des tonneaux vieux.

Manière de conserver les tonneaux vides dont on s'est déjà servi, et de leur faire perdre le goût d'aigre qu'ils ont pu contracter.

Qand on a vidé un tonneau, on l'égoutte bien, et on y brûle un morceau de mêche soufrée, d'environ 2 centimèt. carrés; il faut le boucher ensuite aussi soigneusement que s'il était plein de vin, et le remiser dans un endroit

sec. De cette façon on le garantira de contracter aucun mauvais goût. Avant de remplir un
tonneau, on doit examiner quel est l'état des
cercles, et les faire serrer s'ils sont relâchés.
On verse ensuite dedans deux ou trois sceaux
d'eau, et on le relève alternativement sur chaque fond, afin d'éprouver si la sécheresse n'a
pas déjoint les douves. Si lon reconnaît que
l'eau sort par les fonds, il faut laisser le tonneau debout, mettre de l'eau sur le fond supérieur, et la renouveller jusqu'à ce qu'elle ne
coule plus. On renverse alors la pièce; on la
rince et on l'égoutte. On réitère le rinçage
jusqu'à ce que l'eau sorte claire du tonneau.
Si, par hasard, la mèche soufrée y est tombée,
il faut en rinçant la faire sortir, et bien s'assurer qu'en effet elle est partie; elle communi-
querait un mauvais goût au vin.

Il faut encore, avant de se servir d'un tonneau qui était vide depuis plusieurs jours, y
introduire une mèche soufrée allumée, ou, à
défaut, un morceau de papier enflammé. On
reconnaît qu'il a contracté le goût d'aigre, si
le feu s'éteint. On prendra alors un soufflet de
cuisine; on introduira la douille dans la bonde
sans boucher celle-ci, et on soufflera dans le
tonneau jusqu'à ce qu'on y ait changé l'air;
on reconnaîtra qu'on y a réussi, lorsqu'une mè-

che allumée qu'on y aura introduite continuera de s'y consumer, la bonde étant fermée. Vous rincerez ensuite la pièce avec de l'eau, et vous y jetterez un peu de vin ou d'eau-de-vie, que vous ferez sortir soigneusement, après avoir cependant tourné la pièce en tous sens, de façon que les parois en soient imprégnées.

Composition du Vin.

Tout le monde connaît l'usage du vin dans l'économie domestique : ses effets varient selon la proportion des éléments dont il est composé. Les vins sont en général nourrissants, toniques et stimulants ; ils le sont d'autant plus qu'ils contiennent plus d'alcool. Le tableau suivant indique la quantité d'alcool contenue sur 100 parties dans les principaux vins :

Syracuse	25,28
Marsola	25,09
Madére	22,17
Ténériffe	19,79
Xérès	19,17
Constance blanc	19,75
Lacryma-Christi	19,70
Constance rouge	18,92
Roussillon	18,13
Hermitage blanc	17,43

Malaga..................	17,26
Malvoisie de Madère....	16,40
Schiras................	15,52
Clairet................	15,52
Lunel.................	15,10
Bourgogne.............	14,57
Sauterne..............	14,22
Barsac................	13,86
Grave................	12,80
Frontignan............	12,79
Champagne............	12,61
Hermitage rouge.......	12,32
Côte-Rôtie............	12,32
Rhin.................	12,08

Fabrication du Vin

Cette fabrication se compose de plusieurs opérations : le *foulage*, le *cuvage* et la *fermentation*, le *décuvage*. Presque partout le *foulage* est accompli par des hommes qui, placés dans la cuve où l'on a apporté les raisins aussitôt après la vendange, les pétrissent à mesure que la cuve s'emplit ; dans quelques vignobles, on écrase le raisins dans des baquets au dedans des fouloirs en maçonnerie avant de les verser dans la cuve, ou bien l'on emploie des fouloirs mécaniques.

Le *cuvage* et la *fermentation* se font dans des cuves qui sont ordinairement en bois, quelquefois en maçonnerie. D'après la méthode la plus ancienne, on y laisse fermenter la vendange au libre contact de l'air après avoir rempli la cuve aux neuf dixièmes environ ; aussitot que la fermentation commence à s'établir, on renouvelle le foulage, et on le recommence de 15 en 12 heures pendant trois ou quatre jours de fermentation tumultueuse ; on laisse ensuite la vendange reposer jusqu'au décuvage. Mais dans cette méthode, le libre accès de l'air sur la vendange et la rupture du chapeau occasionnent une grande déperdition de chaleur ; le liquide s'acidifie, et le vin, moins spiritueux alors, est disposé à se détériorer : aussi les vignerons soigneux préfèrent-ils les cuves fermées. D'autres ont cherché un moyen terme entre une clôture complète de la cuve et une fermentation à air libre : c'est ce qui se pratique en Bourgogne.

Quand la fermentation a cessé d'être tumultueuse et que le vin n'est plus sensiblement sucré ni trouble, on procède au soutirage du vin : c'est ce qu'on appelle *décuvage*. A cet effet on adapte près du fond de la cuve une grosse cannelle, au moyen de laquelle on fait écouler le vin dans des vases que l'on va verser dans des tonneaux; ou bien, ce qui vaut le mieux, on adopte à la cannelle un tuyau en cuir ou en toile dont on porte le bout sur la bonde du tonneau à remplir, de manière que le vin coule sans être exposé à l'air.

Durée et conservation des Vins.

Les vins n'acquièrent qu'au bout de quelques temps toutes les qualités dont ils sont susceptibles, et ils finissent ensuite par s'altérer; il y en a, et ce sont les plus faibles, qui au bout de six mois, un an, ont acquis toute leur force ; mais il en est d'autres qui continuent à se bonifier pendant un certain nombre d'années : Cette propriété se remarque dans les vins qui sont riches en sucre et en tartre. En effet, le sucre qui a échappé à la première fermentation en éprouve une seconde, et se convertit peu à peu en alcool ; à mesure que la proportion de l'alcool augmente, le tartre ou tartrate acidule de potasse, n'étant pas soluble dans ce liquide, se précipite. Voilà pourquoi les vins rouges en vieillissant deviennent moins amers, moins acides et plus chauds.

Les différents vins ne se conservent pas également : les vins faibles se détériorent au bout de quinze ou dix-huit mois. On retarde la détérioration des vins en les conservant dans des caves bien fraîches ; on y oppose en outre divers procédés, tels que le *collage*, le *soufrage* et le *soutirage*.

Collage des Vins.

Les fûts étant en cave depuis plusieurs jours, on pourrait mettre le vin en bouteilles tel qu'il est ; mais alors, il s'opérerait dans les bouteilles un dépôt de matières vineuses solides, et l'on n'obtiendrait que difficilement du vin pur et limpide. C'est par le *collage* qu'on obvie à cet inconvénient.

Pour le collage du vin rouge, on se sert ordinairement de blancs d'œufs ; pour le vin blanc la colle de poisson est préférable. Supposons qu'il s'agisse de coller une pièce de vin rouge de 300 bouteilles : on perce d'abord la pièce, on y met la cannelle, et l'on en tire 3 bouteilles. On bat ensuite six blancs d'œufs que l'on mouille au fur et à mesure avec une de ces trois bouteilles ; on verse ce mélange dans la pièce, puis on y introduit par la bonde, un bâton fendu que l'on agite dans tous les sens. Cela fait, on achève de remplir la pièce avec le vin tiré précédemment, puis on la bouche avec une bonde garnie d'une toile neuve ou fraîchement lessivée, et 5 jours après on peut mettre le vin en bouteilles.

Le collage du vin blanc s'opère de la même manière, si ce n'est qu'au lieu de blancs d'œufs, on se sert de colle de poisson. Huit grammes de cette substance dissouts dans une bouteille de vin blanc, suffisent pour une pièce.

Manière de mettre le Vin en Bouteilles

Les vins fins et légers doivent être mis en bouteilles un an après la récolte; les vins colorés peuvent rester plus longtemps en pièces; et presque tous sont susceptibles d'attendre deux ou trois ans, excepté ceux de Bordeaux, du Dauphiné et du Roussillon. En général, le vin mis en bouteilles encore âpre et vert, conserve toujours ces défauts.

Il ne faut pas mettre les vins blancs en bouteilles avant qu'ils aient perdu leur goût sucré: le terme moyen est ordinairement un an ou dix-huit mois. Lorsqu'un vin bien éclairci a suffisamment mûri en pièces, tirez-le en bouteilles; car si vous retardiez, il perdrait de ses bonnes qualités. Il faut, généralement parlant, mettre le vin en bouteilles par un temps beau et sec, parce qu'il est alors moins sujet à déposer. Les trois époques de la vigne sont surtout les temps qu'il faut éviter pour cette opération. Il faut choisir les bouteilles de bonne qualité; dans une bouteille mal cuite, le vin finit par s'altérer.

Avant de remplir les bouteilles, il est nécessaire de les laver à plusieurs eaux, et de les rincer avec du plomb de chasse. On les égouttera ensuite avant d'y mettre le vin, et on les renversera. On ne remplit chaque bouteille que jusqu'à 5 centimètres du goulot, afin de laisser entre le vin et le bouchon, un intervalle de quelques lignes. Il faut employer des bouchons neufs, souples et unis et le moins poreux possible. Les bouchons d'un vin que l'on veut garder longtemps, ont besoin d'être goudronnés ; cela les garantit de l'humidité et de la piqûre des insectes. Les bouteilles, une fois remplies, bouchées et goudronnées, on les place en piles dans la cave, dans des cases formées en maçonneries ou en planches. On commence par niveler le terrain sur lequel on veut élever la pile, et on le garnit d'une couche de sable fin. On met au fond 4 ou 5 lattes de chêne, les unes sur les autres pour former une élévation telle, que le goulot de la bouteille, portant dessus, celle-ci soit placée bien horizontalement. En posant chaque bouteille, on incline le bouchon en bas pour l'imbiber : il ne faut pas qu'il reste d'air entre lui et le vin. On doit laisser trois centimètres d'intervalle environ entre chaque bouteille, sur le ventre du premier rang, et à trois centimètres environ du cul des bouteilles, on pose une latte pour supporter le cul du second rang, dont les culs portent sur une latte posée sur le cou des premières, et ainsi de suite jusqu'à la hauteur la plus convenable.

Manière de goûter les Vins et de connaître leurs qualités.

Il n'est guère possible d'établir des principes sûrs pour l'art de goûter le vin, d'après les variations que le même vin éprouve suivant son âge. l'époque où on le goûte, et la manière dont il a été soigné. Il est d'abord essentiel de s'assurer des caractères distinctifs du vin que l'on veut acheter, des variations auxquelles il est sujet, de sa conservation, de sa durée et de la manière dont il finit. Nous ne donnerons point ici la nomenclature des caractères des diverses espèces de vins. L'habitude de la dégustation et la comparaison fréquente des variétés de crus est le guide le plus sûr. Il est facile de reconnaître l'état du vin que l'on veut se procurer, si l'on s'est assuré du bouquet, du goût et des qualités que l'on doit y rencontrer. On appelle bouquet le parfum qui s'exhale du vin exposé à l'air. Ce bouquet, en général, ne peut servir de renseignement que pour les vins

fins, et encore y a-t-il de nombreuses excep-
tions; car les mêmes vins se perdent quelquefois en vieillissant. Chez les uns, il se développe
promptement, et beaucoup plus tard chez les
autres. Si un vin est dépourvu de bouquet, on
peut conclure hardiment qu'il est mélangé. Les
vins ordinaires, quoique de première qualité,
n'ont point de bouquet, ou rarement. On peut
donner à un vin quelconque un bouquet artificiel, par le moyen de l'arôme de quelques
végétaux; mais ce bouquet est facile à reconnaître, parce qu'il est de peu de durée.

Maladies des Vins.

Sous cette dénomination, l'on comprend certains défauts naturels et différentes altérations
spontanées qui dénaturent les vins au point de
les rendre impropres à servir de boisson, si
l'on ne parvient à prévenir ou à arrêter ces altérations en temps utile.

Astringence.— Quelquefois les vins sont trop
astringents, surtout dans les années où les fruits
ont avorté en partie. On peut facilement amoin-
drir ce défaut en collant plusieurs fois le vin
avec de la gélatine.

Excès ou *défaut de couleur.* Lorsque le vin
contient un excès de matière colorante, les col-

lages la diminuent beaucoup. Quand, au contraire, les vins ne sont pas assez colorés, on y ajoute des vins très-foncés en couleur; et même dans certaines localités on cultive une variété de raisins, dite *teinturier*, contenant de la matière colorante dans tout son tissu, et destinée uniquement à donner de la couleur aux vins trop pâles.

Vins troubles. — Le vin se trouble souvent par une fermentation qui fait monter la levure dans le liquide. Pour corriger cette maladie, il faut se hâter d'éclaircir le liquide au moyen d'un soufrage qui arrête la fermentation, et d'un collage qui entraîne les matières en suspension.

Acidité. — Un excès d'acide acétique se développe quelquefois dans le vin, et à tel point qu'il n'est plus potable. Alors il faut soutirer le vin dans un tonneau soufré, le coller, le laisser reposer quelque temps et le soutirer de nouveau; et si le goût acide domine toujours il faut le mècher, et renouveler cette opération autant que cela est nécessaire. Ce vin mèché ne pouvant être bu tel, doit être mélangé avec un vin coloré et généreux pour remplacer la couleur et le spiritueux qu'il a perdus.

Graisse. — Le vin qui manque de tannin perd quelque fois sa fluidité, devient visqueux et filant comme du blanc d'œuf. Lorsqu'il éprouve cette sorte de fermentation visqueuse, ont dit qu'il est *gras*. Pour remédier à ce mal, il faut coller le vin, en ajoutant à la colle une bouteille d'eau-de-vie pour chaque pièce.

Amertume. — Il n'y a point de remède pour le vin qui a contracté le goût de moisi ; mais on guérit aisément celui qui est devenu amer, en le coupant avec du vin plus jeune, de même qualité.

Goût de fût. — Cette altération est ordinairement due au développement des moisissures. On la fait sinon disparaître, du moins diminuer, d'abord en changeant le vin de fût, puis en agitant assez longtemps un litre d'huile d'olive dans une pièce de vin : l'huile grasse dissout et amène à la surface du liquide une portion de l'huile essentielle qui cause le mauvais goût.

Mauvaises odeurs. — Pour ôter les mauvaises odeurs du vin, il faut mettre dans le tonneau un petit sac contenant une poignée d'ache jardin, qu'on y laisse huit jours au moins et qu'on retire ensuite.

Goût échauffé. — Lorsqu'un vin a contracté un goût d'échauffé, le plus sûr moyen d'arrêter cette fermentation est de soutirer ce vin dans un tonneau fort imprégné de vapeur sulfureuse, et de le placer dans un endroit frais, et si cela ne suffit pas, de le mècher. On peut aussi faire passer ce goût d'échauffé, qu'a contracté le vin, en le coupant avec du vin jeune, spiritueux et coloré.

Mauvais goût. — Pour ôter au vin quelque mauvais goût, transvasez-le dans une futaille fraîche où il y a eu de bon vin. Faites un gâteau de farine de seigle ; quand le gâteau sera cuit, vous le poserez tout chaud sur l'ouverture du bondon ; vous réitérerez plusieurs fois cette opération.

Au lieu de farine de seigle, on peut se servir de carottes écrasées comme de la pâte, et mêlées avec de la farine de seigle. On opère de la même manière.

Manière de donner au vin le plus commun le parfum le plus agréable

Quand la vigne est en fleurs, on prend un petit panier dans l'intérieur duquel est une feuille de papier. On profite du matin lorsque la rosée est tombée, pour aller frapper le cep avec un petit bâton, et faire tomber les fleurs qui sont épanouies. La petite récolte terminée, on met ces fleurs à sécher à l'ombre ; on les pulvérise ensuite et on les garde dans un lieu sec. Au temps de la vendange,

on prend une certaine quantité de cette poudre de fleurs, qu'on enferme dans un petit
sachet, et on va la suspendre dans le tonneau.
Le véritable moment est celui de la fermentation. Pour un tonneau de 160 litres, on n'emploie que 32 grammes de la poudre : cela
suffit pour donner au vin une qualité qui le
rend précieux et agréable.

On peut aussi donner un parfum très-agréa-
ble aux vins, en employant au lieu de fleurs de
vigne, des fleurs de tilleul, des sommités de
l'avande, de sauge et de romarin. Les doses
pour 150 litres de vin sont 17 grammes de
fleurs de tilleul, 8 gram. de l'avande, 24 gram.
de sauge, et 16 grammes de romarin. On opère
comme avec la fleur de vigne.

Falsifications du Vin

Tous les vins, surtout ceux qui sont destinés
au commerce de détail, sont très-sujets à être
falsifiés. Les falsifications les plus ordinaires se
font en y ajoutant de l'*eau-de-vie*, de l'*eau*, du
cidre ou du *poiré*, des *bois d'Inde*, de *Cam-
péche*, de *Fernambouc*, etc.

On reconnaît que le vin est falsifié par l'*eau-
de-vie* aux caractères suivants : 1° il a une odeur
d'esprit de vin beaucoup plus pénétrante que

celle du vin pur ; 2° sa saveur est beaucoup plus chaude que celle du vin pur.

Jusqu'à présent la dégustation seule a pu faire reconnaître la falsification par l'*eau*. Mais on doit bien penser que ce procédé n'est pas toujours d'une exactitude rigoureuse, car les vins ne sont jamais d'une force égale, et, suivant l'année, ils sont toujours plus ou moins faibles.

La falsification par le *cidre* se reconnaît également au goût ; mais il faut avoir le palais bien exercé à ce genre de recherches pour ne pas s'y tromper. Quand à la falsification par le *poiré*, elle ne se reconnaît pas toujours au goût. Pour la découvrir, il faut faire évaporer le vin à une douce chaleur : s'il y a du poiré, on aura une espèce de sirop de poires, tandis que, si le vin est pur, le résidu, au lieu d'être sucré, sera très-acide.

Les bois de l'*Inde*, de *Campêché*, de *Fernambouc*, que l'on ajoute quelquefois au vin rouge pour lui donner de la couleur, se reconnaissent par leur goût astringent : ces vins mêlés avec l'eau ne désaltèrent point.

Enfin, les vins sucrés, dits vins de liqueur, sont très-sujets à être falsifiés ou composés, pour cela, on fait des mélanges de bons vins ordinaires, auxquels on ajoute du *sucre*, de l'*eau-de-vie* et quelques arômates pour donner le bouquet. Lorsque ces mélanges sont anciens, il est quelquefois difficile de les reconnaître; cependant la plupart de ces vins factices se reconnaissent par l'épreuve suivante: on remplit une secoupe de ce vin, et on la laisse exposée à l'air pendant vingt-quatre heures. Si c'est du vin falsifié, il perd sa force et devient plat; si, au contraire, le vin est naturel, il se conserve bon et perd fort peu de sa force.

LIQUEURS (*)

En général, on comprend sous la dénomination de liqueurs, un grand nombre de préparations confectionnées avec l'alcool ou l'esprit de vin, ou bien avec de l'eau-de-vie seulement, mais toujours avec addition d'une substance arômatique, et édulcorée avec le sucre.

Règles générales pour fabriquer toutes sortes de liqueurs sans distillation.

Pour faire 10 bouteilles de liqueur, prenez

(*) La plupart des recettes que nous donnons dans ce paragraphe pour la préparation des liqueurs sont extraites de l'*Immense Trésor des Sciences et des Arts*, de M. Chevalier. Un vol. in-8°. Prix 5 fr. chez M. Fontanier, libraire à Saintes.

4 kilog. de sucre, 2 litres 75 centilitres d'eau; quand le sucre est bien fondu, on y ajoute 2 kilog. 500 grammes d'esprit de vin, dans lequel on a mis les essences et les couleurs qu'on trouve dans les recettes suivantes, dont nous allons donner d'abord le mode de clarification.

Manière de filtrer parfaitement et promptement

Faites faire un filtre en mollèton de la forme d'un cône, c'est-à-dire qu'il soit de 750 millimètres de hauteur sur 325 milimètres d'ouverture en haut, et le bas en pointe; vous y attachez 4 gallons par le haut pour pouvoir le fixer sur deux bâtons que l'on met entre deux chaises. Pour filtrer 10 bouteilles, on prend 5 feuilles de papiers gris sans colle (on le connaît en le mouillant, la salive le traverse aussitôt); on les casse bien menues, on les réduit en pâte en les battant fortement dans l'eau avec une vergette; on mouille la chausse en molleton pour qu'elle retienne moins de liqueur; on exprime le papier pour en faire sortir l'eau; on le met dans la liqueur pour en former une bouillie claire; on jette le tout dans le filtre, en mettant un vase en dessous pour la recevoir: on

7*

la rejette dans le filtre jusqu'à ce qu'elle soit claire. C'est la seule manière de filtrer promptement toutes sortes de liquides.

Pour faire l'huile de Noyau

Prenez 4 grammes d'essence de noyau et mettez-les dans un vase où est la liqueur, comme le dit la règle générale ; puis filtrez. Cette quantité (ainsi que celles indiquées dans les recettes suivantes), est toujours pour 10 bouteilles.

Huile de Vanille.

Prenez 8 grammes d'extrait de vanille, ou 10 gouttes d'essence, et la couleur rose.

Anisette.

Prenez 6 grammes d'essence d'anis, et 8 gouttes de cannelle de Ceylan.

Véritable Curaçao de Hollande

8 grammes d'essence de Curaçao, 6 gouttes d'essence de cannelle de Ceylan, le sucre et l'eau dans laquelle on a préalablement fait bouillir le jus et l'écorce de 6 oranges ; on met ensuite les essences dans l'esprit, et on mêle le tout ensemble. Cette liqueur se colore avec le caramel.

Extrait d'Absinthe.

Prenez 4 litres d'esprit de vin, 8 grammes d'essence d'absinthe, 8 grammes d'essence de fenouil, 8 grammes d'essence d'anis, 2 litres d'eau et la couleur verte.

Crème de Menthe verte.

Prenez 4 grammes d'essence de menthe et la couleur verte.

Parfait Amour

Prenez 36 gouttes d'essence de girofle, 12 de macis, 4 grammes d'essence de citron et la couleur rose.

Eau des belles Femmes.

Prenez 4 grammes d'essence de vanille, 8 gouttes d'essence de néroli, 2 gouttes d'essence de rose et la couleur rose.

Persicot

Prenez 4 grammes d'esssence de persicot.

Rosolio

Prenez 4 grammes d'extrait ou 10 gouttes d'essence de menthe, 3 gouttes d'essence de rose, 250 grammes d'eau de fleur d'oranger, et la couleur rose.

Marasquin

Prenez 4 grammes d'essence de marasquin, 1 litre de kirsch-wasser, 500 gr. d'eau et 2 kilog. d'esprit de vin.

Baume Humain

Prenez 3 gouttes d'essence de rose, 8 gouttes d'essence de cannelle 24 gouttes d'essence de cédrat, et 8 gouttes d'essence de macis.

Crème de Nymphe

Prenez 24 gouttes d'essence de cannelle de Ceylan, 12 gouttes de muscades, et 4 gouttes d'essence de rose.

Huile de Cinnamomum

Prenez 2 grammes d'essence de cannelle de Ceylan ; on colore légèrement en jaune.

Ruga

Prenez 250 gram. de rue infusée 8 jours dans de l'esprit de vin.

Eau d'Or

Prenez 6 gouttes d'essence de cannelle, 10 gouttes d'essence de macis, 4 grammes d'essence de citron ; on colore en jaune paille avec du safran ; et, quand la liqueur est filtrée, on y ajoute une feuille d'or par bouteille.

Eau d'Argent

Prenez 4 grammes d'essence de cédrat, 4 gouttes d'essence de rose ; après avoir filtré, on ajoute une feuille d'argent par bouteille.

Coquette flatteuse.

Prenez 6 gouttes d'essence de rose, 12 gouttes de teinture de musc, et 8 de cannelle de Ceylan.

Crème de Cédrat

Prenez 8 grammes d'essence de cédrat.

Crème de Jasmin

Prenez 8 grammes d'essence de jasmin.

Elixir de Néroli

Prenez 12 gouttes de teinture de myrrhe, 24 gouttes de Néroli que vous mêlerez dans de l'esprit de vin.

Citronnelle

Prenez 8 gram. d'essence de citron et la couleur.

Cannelin de Corfou.

Prenez 2 grammes d'essence de cannelle de Ceylan.

Alkermès de Florence.

Prenez 4 grammes de vanille, 4 grammes de cardamomun, 4 grammes de noix muscade, 8 grammes de cannelle; toutes ces substances pilées et infusées pendant trois jours dans l'esprit de vin; puis on y ajoute 5 gouttes d'essence de rose et la couleur rose.

Eau de Chasseur

Prenez 36 gouttes d'essence de menthe, 12 gouttes d'essence du muscade, et la couleur verte.

Procédés pour colorer les Liqueurs

Couleur rouge. — Prenez 16 grammes de cochenille, 1 gramme d'alun de Rome et 250 grammes d'eau commune. On réduit la cochenille et l'alun en poudre fine, on fait bouillir l'eau et on la jette dessus; on peut faire par ce moyen un rouge plus ou moins foncé, en y mettant plus ou moins d'eau ou de cochenille, suivant le besoin.

Couleur jaune. On prend du safran que l'on fait macérer dans l'alcool en plus ou moins grande quantité, selon que l'on veut un jaune clair ou foncé on peut encore se servir de curcuma.

Couleur bleue. — Prenez 16 grammes d'indigo en poudre très-fine, 52 grammes d'acide sulfurique à 66°. Quand la solution aura été complète à l'aide d'une douce chaleur, ajoutez-y 185 gram. d'eau pure.

Couleur verte. — On dissout une partie de curcuma avec 2 de bleu en liqueur et un peu d'alun.

Couleur violette. — On mêle une partie de bleu en liqueur avec deux de rouge.

Moyen de vieillir les Liqueurs

Quelle que soit l'espèce de liqueur, il suffit de plonger les vases qui les contiennent, pendant 48 heures, dans un bain de glace; cela accélère la combinaison intime des éléments de la liqueur, qui acquiert alors les qualités dues à la vieillesse.

DEUXIÈME PARTIE

Substances Commerciales

CHANDELLE

Quoique la fabrication de la chandelle soit un art spécial, il est cependant très-important pour l'épicier de pouvoir la fabriquer lui-même, et pour cela nous allons lui donner les conseils nécessaires. Mais avant tout, il est important de bien connaître la qualité des graisses ou suifs, ainsi que la manière de les travailler.

Le suif employé à la fabrication de la chandelle est extrait des corps des animaux. On le rencontre autour des reins et près des viscères mobiles. Il doit être blanc et consistant. Le chandelier l'achète des bouchers qui le fondent en pains et le lui vendent sous le nom de *suif de place*.

Le meilleur suif est celui de bœuf et de mouton; ce dernier surtout est préférable. Cependant, comme il est très-solide, on peut mélanger par parties égales les deux espèces sans altérer la bonté des chandelles.

Ce que l'on rencontre de plus difficile dans la pratique du chandelier, consiste : 1° à purifier parfaitement le suif des impuretés qu'il peut contenir ; 2° à le rendre aussi dur que possible pour empêcher que les chandelles ne soient grasses au toucher, et qu'elles ne coulent en brûlant ; 3° à donner au suif un beau blanc. Beaucoup d'essais ont été faits pour atteindre ces différents buts ; quelques-uns ont passablement réussi ; mais ils sont tous secrets. Voici, à ce sujet, ce que nous avons vu pratiquer le plus souvent, et qui nous a paru préférable : On coupe le suif par petits morceaux et on le jette dans la chaudière pour le faire fondre avec environ le quart de son poids d'eau. Pendant qu'il fond on a soin de remuer de temps en temps le mélange. Quand le suif est fondu, on le passe à travers un linge ou un tamis de crin serré ; puis, lorsqu'il est refroidi, on le fait fondre de nouveau avec la même quantité d'eau, et on ajoute par chaque kilogram. de suif, environ 3 ou 4 grammes de salpêtre et autant de sel ammoniac, et 6 ou 7 gram. d'alun calciné. Quand le tout est bien fondu, on retire la chaudière du feu et on laisse refroidir ; et lorsque le suif est froid, on renverse la chaudière et le pain se détache. On enlève alors toutes les impuretés qui sont restées au fond ; et on fait fondre une troisième fois pour faire les chandelles.

Avant de nous occuper de la fabrication des chandelles, disons un mot des *mèches*. La mèche est un petit faisceau de substance filamenteuse, que l'on place au milieu de la chandelle, et qui lui sert d'axe. Pour faire de bonnes chandelles, on doit employer des mèches de coton filé fin et égal ; il doit être blanc, bien net, sans aucune ordure. Plus le coton qui forme la mèche est fin, plus la chandelle donne de clarté.

On distingue deux sortes de chandelles : l'une se nomme *chandelles plongées* ou *à la baguette*, parce qu'on les fabrique en plongeant à plusieurs reprises les mèches suspendues à une baguette, dans le suif fondu. Les autres portent le nom de *chandelles moulées*, parce qu'on les fabrique avec des moules.

Les *chandelles à la baguette* sont les plus connues. Pour les former, on distribue un certain nombre de mèches à distance égale le long d'une baguette de bois ; ensuite on recouvre ces mèches de plusieurs couches successives de suif, en les plongeant dans un baquet de suif fondu. Quand les chandelles sont d'une grosseur convenable; on place la baguette sur un *égouttoir*, au-dessous duquel est placée une auge, où tombe le suif qui n'est pas figé ; puis on répète la même opération avec une seconde baguette, et ainsi de suite.

Il est impossible de fixer le nombre des plongées qu'on doit donner aux chandelles ; cela dépend uniquemment de la grosseur qu'on veut leur faire prendre et de la température du suif. L'habitude indique à l'ouvrier le moment où la chandelle est terminée.

Lorsque les chandelles son terminées, on les coupe net par le bout et on les enfile en paquets pour le débit.

Les chandelles *moulées* sont faites d'un seul coup à l'aide d'un moule qu'on remplit de suif fondu, après qu'on a disposé convenablement la mèche au milieu du moule. Les moules sont des tubes légèrement coniques. Ils sont ordinairement en fer ; quelquefois aussi en plomb ou en étain.

Chaque chandelle variant selon la longueur et la grosseur du moule, on doit avoir des moules de différentes longueurs et grosseurs. Il faut aussi en avoir une certaine quantité de la même espèce, car on ne peut retirer les chandelles des moules, qu'après que le suif est parfaitement figé, et que le moule est entièrement froid, ce qui demande encore un temps assez long.

Une des principales précautions à prendre pour la fabrication des chandelles moulées consiste à bien placer la mèche dans le moule. La mèche doit être placée exactement au milieu du moule et tendue fortement afin qu'elle ne puisse pas se déranger pendant l'opération, et qu'elle se trouve également enveloppée de suif dans toute la longueur.

Quand les mèches sont fixées convenablement dans les moules, il ne reste plus qu'à remplir les moules de suif fondu. Pour cela, il faut que le suif ne soit ni trop chaud ni trop froid. Lorsqu'il est trop chaud, les chandelles ont beaucoup plus de peine à sortir du moule; on est alors obligé de plonger le moule dans l'eau chaude pour les détacher. Quand le suif est trop froid, les chandelles ne sont pas unies et présentent une infinité de grumeaux.

On ne doit faire sortir les chandelles du moule que lorsque le suif est tout-à-fait froid et figé; alors les chandelles sortent facilement en enlevant le culot.

De quelque manière que les chandelles soient fabriquées, elles sont toujours jaunes lorsqu'elles sont récemment faites: c'est en vieillissant qu'elles acquièrent de la blancheur. Jusqu'ici on n'est pas encore parvenu à donner au suif la blancheur que l'on désire. Voici les manipulations qu'emploient les fabricants de chandelles: ils exposent leurs chandelles au grand air, à la rosée ou au serein dans des endroits à l'abri du soleil. Elles acquièrent par ce moyen une blancheur éclatante; mais cette blancheur n'est que superficielle, et bientôt si l'on a employé du jaune, la couche intérieure ne tarde pas à percer. On doit donc employer le suif le plus blanc qu'on peut se le procurer.

Lorsqu'on n'emploie les chandelles que 7 à 8 mois après leur fabrication, elles sont plus blanches, plus sèches et durent plus longtemps. Pour les conserver ainsi sans mauvaise odeur, il faut les envelopper en paquets de un ou deux kilog. dans du papier gris, et conserver ces paquets bien ficelés dans des endroits qui ferment bien.

AXONGE

L'axonge, qu'on nomme vulgairement *saindoux* ou *graisse de porc* est une substance extraite des portions graisseuses accumulées à la surface des intestins du porc. C'est une graisse

blanche, molle, presque inodore, assez consistante, d'une saveur fade; insoluble dans l'eau.

Exposé à l'air, l'axonge devient jaune et rance,
et acquiert une odeur forte; aussi l'épicier doit-
il le conserver dans des pots bien couverts et
placés dans un lieu frais.

Falsifications

Les principales fraudes que les charcutiers
font quelquefois éprouver à l'axonge sont l'addition de *sel de cuisine*, le mélange avec des
graisses inférieures, ou avec le *flambord*, sorte
de graisse recueillie à la surface de l'eau dans
laquelle on a fait cuire les viandes de charcute-
rie.

Pour reconnaître l'addition du sel on fait digérer l'axonge avec de l'eau; cette graisse
éprouve une perte de poids égale à celle du sel
ajouté, qui est retenu en dissolution dans
l'eau.

Quand au mélange des graisses inférieures,
il est assez difficile à caractériser. Le moyen
le plus sûr de déceler cette fraude consiste dans
l'examen de la couleur et du goût : l'axonge mélangé de graisses inférieures est moins blanc
que celui qui est pur, et a une saveur tout-à-
fait différente.

Le mélange de l'axonge avec le flambord lui donne une couleur grisâtre, une consistance molle, une légère saveur salée et désagréable, le flambord lui-même étant salé.

SAVONS

Le savon est une substance produite par la combinaison des bases alcalines solifiables avec les huiles fixes végétales ou animales. Sa consistance est plus ou moins solide et provient de la présence de la soude ou de la potasse. La première produit des pâtes sèches et la seconde des pâtes molles.

Quelques auteurs font dériver son nom de *sapo*, vieux mot français ; d'autres prétendent que c'est un mot celtique et bas-breton. Il est présumable que le savon a pris son nom de Savone, ville de l'Etat de Gênes, en Italie, où la femme d'un marin en fit la découverte en faisant l'essai d'une lessive de soude.

Elle remarquait que le linge devenait très-blanc mais qu'il s'usait beaucoup. Ayant abandonné dans un vase un reste de lessive et de l'huile, et l'ayant placé sur le feu par hasard, elle en obtint une pâte consistante ; elle esseya d'en frotter son linge, qui se couvrit d'une mousse abondante. Satisfaite de cet essai, elle monta avec son mari un atelier où ils fabriquèrent d'assez grandes quantités de savon pour en fournir au commerce de Gênes, d'où on le transporta dans toute l'Europe.

La chimie a perfectionné les procédés de préparation du savon, en expliquant la liaison intime de l'huile et de l'alcali.

Dans les ateliers, on prépare la lessive à froid avec un poids égal de soude d'Alicante, factice et de chaux vive réduite en poudre ; le tout humecté d'eau forme une masse pulvérulente. On verse sur ces corps un poids d'eau double du leur ; le liquide passe à travers le filtre et se rend dans un récipient préparé. On poursuit l'opération avec de nouvelle eau jusqu'à ce qu'on n'obtienne qu'une lessive insipide par laquelle on commence la saponisation en l'unissant avec l'huile dans de vastes chaudières. Sept mille kilog. d'huile commune produisent régulièrement onze mille kilog. de savon.

On verse successivement sur cette huile les lessives précitées qui la condensent ; le feu violent qu'on entretient sous les chaudières pendant 8 jours, finit par lui donner une consistance suffisante. On commence alors à faire le marbrage en plaçant au-dessus de la cuve, deux hommes qui, avec une longue perche, en agitent fortement le contenu. On verse en même temps des lessives dans le mélange pour le rendre liquide. La pâte se divise alors en formant des globules bleus qui colorent diversement la masse. Ce travail est difficile et essentiel.

Quand la pâte est perfectionnée, on la coule dans des *mises* placées dans un endroit frais. Elle s'y refroidit et acquiert une fermeté que le temps augmente. Au bout de quinze jours, le produit est livrable au commerce.

Le savon doit être consistant, bien marbré et peu sensible à la température; il doit durcir au soleil et devenir transparent. Sa couleur blanche doit être nacrée; sa couleur bleue disparaît souvent à l'air.

Plus le savon est blanc plus il est estimé; s'il est piqué, on ne le doit pas rejeter, car cela prouve qu'il n'a pas absorbé à la levée de la cuite toute l'eau qu'il devait prendre. Ce défaut provient de ce que le sulfure de fer s'est détaché de la masse savonneuse.

Dans le midi de la France, on aime le savon jaunâtre et la pâte douce; dans le nord, au contraire, on préfère une couleur blanche et une coupe ferme.

On distingue plusieurs espèces de savons, parmi lesquelles nous distinguerons les suivantes;

8

1° *Savon blanc.* — C'est un produit français qui n'a pas trouvé de rival. Marseille conserve le privilége de sa fabrication. Il sert à dégraisser les soies. Ce savon doit présenter une pâte grasse, ferme et jaunâtre, et avoir une bonne odeur d'huile fraîche et de lessive soignée.

2° *Savon bleu pâle* — Sa croûte est blanche, et son intérieur est marbré de blanc et d'azur.

3° *Savon bleu vif.* — Sa croûte est rougeâtre et son intérieur est marbré d'un bleu plus vif que le précédent. Cette couleur s'établit au moyen de cinabre ou de couperose, délayés dans la pâte de savon liquide.

Ces savons circulent généralement dans le commerce et leur choix doit se faire scrupuleusement. Leur coupe se distingue en douce et ferme ; la première cède facilement au couteau sans se briser ; la seconde résiste d'avantage et se brise plus ou moins. Le savon qui suinte est de mauvaise qualité et de mauvais usage.

Tout fabricant de savon est obligé de mettre la marque sur ses produits, et le nom de l'huile ou de la matière grasse avec laquelle ils auront été fabriqués. (*Décret du* 1er *avril* 1861.)

4° *Savon liquide*, mou, noir ou vert, s'emploie pour le blanchissage du linge commun, à cause de sa mauvaise odeur, et pour le feutrage des draps et des laines. On le fabrique comme les savons sécs, mais on substitue à l'huile d'olive celle de colza, d'œillette, de navette, de lin et de chenevis ; on remplace en outre, la soude par la potasse et la chaux ; on se contente d'amener le mélange à une consistance molle. La meilleure huile de graine est celle de chenevis pour cette fabrication. Elle donne un savon qui se conserve longtemps sans se décomposer et qui mousse facilement. Sa couleur verte lui est donnée par l'huile de cameline ; sa couleur noire, par l'emploi des noix de Galle sèches ou associées aux bois de Campêche et sa couleur jaune, par l'huile de colza.

5° *Savon piqué.*— C'est celui dont le manteau n'a pas été bien établi, ce qui arrive quand le sulfure de fer se détache de la masse et présente çà et là des piqûres noires. On le vend meilleur marché, mais il n'en est pas moins bon à l'emploi.

6° *Savon de toilette.*— Ce savon se prépare à Paris et à Grasse avec le suif et la graisse du cheval. On enlève d'abord l'odeur du suif par la lessive et on l'arômatise diversement. On en fait des tablettes d'une valeur plus ou moins élevée.

Falsifications.

L'une des falsifications les plus en usage pour le savon, c'est l'addition d'une quantité considérable d'*eau*. Le savon fortement additionné d'eau est conservé dans des caves humides, à l'abri de l'air, qui lui ferait perdre ce liquide; on le couvre même de linges trempés dans de l'eau saturée de sel de cuisine; quelques marchands vont jusqu'à tenir les savons dans des vases pleins d'eau salée. Ces savons sont faciles à reconnaître à leur pâte molle et blanche; il suffit de les presser avec les doigts pour se convaincre de la fraude.

On falsifie encore le savon en y mêlant de la farine, de la fécule, de la terre glaise, de la chaux, du plâtre et autres matières peu coûteuses, et cela dans le but d'en augmenter le poids. Ces falsifications se reconnaissent en le dissolvant dans une lessive placée dans un vase au fond duquel on retrouve les substances étrangères.

Enfin; souvent aussi on vend du savon fait avec des *huiles de graines* et des *graisses*. Pour vérifier si le savon est fait avec de l'huile ou avec de la graisse, on fait dissoudre un peu de savon dans un verre d'eau. Lorsque la solution est complète, on ajoute un peu de vinaigre dans le liquide, afin de centraliser l'alcali. Immédiatement après ce mélange, la liqueur devient trouble et le corps gras se sépare de l'eau. On agite légèrement le mélange avec une bûchette à laquelle vient s'attacher la graisse si le savon en contient, tandis qu'après un moment de repos l'huile surnage, si elle faisait la base du savon.

HUILES

L'huile est un mot générique qui comprend toutes les substances grasses, onctueuses, fluides ou de consistance butyreuse, indissolubles dans l'eau et plus ou moins inflammables, extraites de matières végétales ou animales.

Nous allons nous occuper des huiles qui se vendent dans le commerce de l'épicerie, c'est-à-dire de celles qui servent à l'éclairage, à la peinture, et des huiles d'olives.

Huiles servant à l'éclairage et à la peinture

Ces huiles se distinguent en huiles *grasses* et en huiles *siccatives*. Celles-ci ont la propriété de s'épaissir peu à peu au contact de l'air, et de se transformer en une espèce de membrane solide et transparente ; telles sont les huiles de lin, de noix, de chenevis, d'œillette, etc. Les huiles grasses ne peuvent pas servir aux mêmes usages ; elles ne se résinifient pas au contact de l'air, mais elles y deviennent peu à peu acides, rances, d'une odeur et d'une saveur désagréable. On les emploie surtout pour l'éclairage : telles sont les huiles de colza, de navette, etc.

1° *Huiles grasses.* — Huile de colza. — Elle s'extrait de diverses espèces de choux et de navette, plantes cultivées en grand dans le nord de la France, elle s'obtient en réduisant en poudre les graines de ces végétaux à l'aide d'une meule verticale tournant avec une auge circulaire ; on mêle à la pâte obtenue un peu d'eau et on presse fortement.

Cette substance est odorante jaune et très-visqueuse. On l'emploie à l'éclairage après l'avoir purifiée pour empêcher qu'elle ne fume ; pour cela, on l'agite avec deux centièmes de son poids d'acide sulfurique, et on la bat ensuite avec le double de son volume d'eau ; le mélange ayant reposé pendant huit à dix jours à la température de 25 à 30 degrés, l'huile surnage, se décante et se filtre à travers un papier gris et des toiles de coton. Quelques fabricants ajoutent au mélange de la chaux, qui neutralise l'acide sulfurique qu'ils y mettent aussi.

Le commerce distingue l'huile de colza épurée pour reverbères et pour quinquets. Elles doivent être toutes deux très-limpides. On doit préférer la plus incolore.

L'huile de colza d'hiver, se gèle moins que celle d'été et se préfère généralement.

Huile de Navette. — Cette huile qu'on nomme aussi *huile de rabette*, se prépare avec la semence du navet sauvage, qu'on cultive en grand en Flandre, en Hollande, en Normandie et en Brie. Elle a beaucoup d'analogie avec celle de colza et sert aux mêmes usages.

Huile de baleine ou *huile de poisson*. — Cette huile est, à proprement parler, la graisse fluide de cet animal. Elle se trouve immédiatement sous la peau de la tête des cachalots privés de crâne. Elle se fond et se passe dans des toiles pour être mise dans des barriques où on la laisse refroidir; la plus pesante tombe au fond et prend la consistance du suif. On distingue en outre trois qualités d'huile de poisson, qu'on distingue par blanche, jaune et noire; ordinairement elles se vendent mélangées.

Ce liquide se prépare à Terre-Neuve, près St-Pierre et à Miquelon. Son odeur est forte et désagréable. Il se congèle à la température de la glace fondante, tandis que l'huile de morue reste liquide. On peut l'allier aux huiles de graines pour l'éclairage, après l'avoir laissé reposer, et l'avoir passé dans l'eau bouillante après un filtrage. L'huile la plus blanche et la moins ombrée est celle qui se mêle le plus facilement.

Cet article sert, depuis très-longtemps, à frauder les huiles à brûler : Caen surtout opère beaucoup de ces mélanges.

2° *Huiles siccatives.*— Huile de lin.— Cette huille est extraite à choix des semences de lin ; elle est âcre et désagréable. Sa couleur est jaune. Bouillie quelques heures avec 7 ou 8 pour 0/0 de son poids de litharge pulvérisée, elle acquiert une propriété siccative très-grande, ce qui lui permet d'être employée en peinture. On peut aussi l'employer pour l'éclairage, ainsi que les autres huiles siccatives.

Le nord de la France, les départements de la Gironde et des Landes la fournissent surtout au commerce.

Huile de chenevis.— Elle s'extrait des graines de chanvre broyées sous une meule, torréfiées dans des bassines de cuivre, humectées d'eau et fortement pressées. Elle est jaunâtre, très-liquide et s'emploie dans la peinture comme très-siccative ; l'éclairage en fait aussi usage et elle s'utilise dans la fabrication des savons mous.

Huile de noix.— Cette huile s'extrait de ce

fruit, mondé de sa pellicule membraneuse, et pressé à froid, si on la destine à l'usage culinaire ou à la pharmacie. Celle qui sert à la peinture, à l'éclairage ou à la confection des savons mous, s'obtient en soumettant les masses broyées à une douce chaleur et en les humectant avant de les mettre sous presse.

Celle tirée à froid est blanche et douce; on la nomme *huile vierge*. Elle devient verdâtre, âcre, coustique et siccative, lorsqu'on la chauffe trop; c'est alors qu'elle prend le nom d'*huile de noix tirée à feu.*

Huile d'œillette.— Elle s'extrait de la graine de la plante nommée *papaves somnifecum*, et sobtient comme les autres. Pressée à froid, on lui donne, à cause de sa couleur, le nom d'*huile d'œillette* blanche, et à chaud, celui d'huile d'œillette rousse; cette dernière qualité provient souvent des graines échauffées, poussiéreuse, et est moins estimée que la première. Quand l'huile d'œillette est vieille, elle devient très-siccative.

On mêle souvent les huiles d'œillette aux huiles de colza, dont le prix est bien plus minime. On reconnaît cette fraude en plaçant ce mélange dans une glacière où l'huile de colza se congèle à 2 ou 3 degrés au-dessous de zéro; tandis que l'autre reste liquide jusqu'à 15 deg.

8*

On doit faire ces épreuves avant d'effectuer les marchés.

L'huile, quelle que soit l'espèce, est sujette à devenir rance. Voici un procédé très-simple et en même temps très-efficace pour éviter ce défaut : Il faut verser sur une bouteille d'huile 5 centimètres environ d'eau-de-vie à 33 degrés, de manière à remplir la bouteille, puis boucher avec soin, et tenir la bouteille debout. Ce procédé est basé sur la propriété de l'eau-de-vie qui, par sa pesanteur spécifique, se maintenant au-dessus de l'huile, intercepte toute communication avec l'air extérieur : il est bon de couvrir le goulot avec une vessie.

Falsifications

Les huiles sont souvent l'objet de falsifications nombreuses, qui consistent à les mêler avec d'autres *huiles inférieures en qualité et en prix.*

Pour reconnaître ces falsifications, les chimistes nous ont proposé divers procédés ; mais presque tous ces procédés rentrant dans le domaine de la chimie, ne sont pas exécutables par le commun des épiciers. En conséquentce, lorsqu'on soupçonnera avoir de l'huile frélatée, le moyen le plus sûr de constater la sophistication est de s'adresser à un chimiste ou au moins à un habile pharmacien comme on en trouve aujourd'hui dans la plupart des localités.

SOUFRE

Le soufre a été placé longtemps au rang des bitumes et considéré comme un produit volcanique. C'est une substance simple, solide, de couleur jaune, sans saveur et sans odeur, d'une pesanteur spécifique double environ de celle de l'eau. Le frottement lui communique une légère odeur et le rend électrique ; serré dans la main, un bâton de soufre fait entendre un petit craquement, qui est dû à ce qu'il se brise intérieurement, par suite de l'inégale dilatation de ses parties.

Le soufre doit son origine à la décomposition putride des végétaux et des animaux. Il est très-répandu dans la nature. On le trouve formé dans les végétaux, tels que la patience et le cochléaria, ainsi que dans les matières animales, telles que le sang et le jaune d'œuf. Il se trouve en masses translucides ou opaques dans diverses sortes de terrains, quelquefois disséminé dans diverses pierres et particulièrement dans la sulfate de baryte. Quelques rochers en sont garnis, tels que ceux du Brésil et des Cordillières. Les carrières les plus abondantes sont celles qui sont près des volcans. Les environs de Pouzole en produisent énormément et en fournissent depuis un siècle à la consommation de l'Europe,

On distingue le soufre en *soufre natif* et en *soufre combiné.*

Le *soufre natif* est transparent et cristalisé, ou transparent et irrégulier, déposé par l'eau, pulvérulent, sublimé par le feu des volcans, et souvent interposé dans des pierres tendres.

Le *soufre combiné* se rencontre naturellement à l'état de sulfure métallique ou calcaire. On peut le retirer de la galène, des pyrites cuivreuses et martiales, de la bleude, de la pierre à plâtre, de l'alunite et de la potasse.

Pour retirer le soufre de ces substances, en Saxe et en Bohême, on les place dans des tuyaux de terre disposés sur un fourneau allongé dont les extrémités arrivent dans des caisses en fer pleines d'eau. Le soufre liquéfié se rend dans ces récipients, où il prend de la consistance.

A Saint-Bel, on retire le soufre des pyrites en disposant de grands grils sur lesquels on les ammoncelle ; le soufre se liquéfie au feu et coule dans de grandes cuillerées en fer, on le purifie par une nouvelle fonte.

On le retire des végétaux et des substances animales par des procédés particuliers.

Le *soufre en masse*, *soufre brut* ou *soufre natif*, provient des terrains qui avoisinent les volcans. Il est solide, sec, sans odeur, de couleur citrine rougeâtre ou pâle. Il est fusible à différents degrés de température ; il est volatile à une température élevée, et doué d'une combustibilité remarquable ; il donne une flamme bleue, puis blanche et une vapeur active et suffocante. On doit préférer le soufre brut jaune citrin, en masses brillantes et translucides, exemptes de corps étrangers.

Le soufre fond vers 110 degrés centigrades ; il est alors liquide, d'un jaune clair transparent et conserve ces caractères jusqu'à ce qu'il ait acquis une température supérieure à 150 degrés. A 160 degrés, il commence à s'épaissir, devient rougeâtre et si l'on continue à chauffer, de 200 à 250 degrés, il acquiert une consistance telle qu'on peut retourner le vase dans lequel il est contenu sans que le soufre ainsi fondu puisse couler ; dans cet état, on remarque qu'il a une couleur brune. Au delà de 250 degrés, il perd cette teinte et reprend sa liquidité. Si, lorsqu'il est chauffé de 350 à 400 degrés, on le jette dans de l'eau, il affecte la forme d'une masse brune et pâteuse, molle, élastique, susceptible de se réduire en fils très-minces; il ne reprend sa couleur et sa solidité qu'après un certain laps de temps.

Le soufre est insoluble dans l'eau, soluble dans les huiles fixes et volatiles; l'alcool et l'éther en dissolvent très-peu.

Le soufre est très-employé dans les arts; on s'en sert pour fabriquer les poudres de guerre, de chasse, de mines; pour sceller le fer dans la pierre; pour prendre des empreintes de médailles, de cachets; pour la confection des allumettes, des mèches soufrées, etc., etc.

Altérations

Le soufre livré au commerce en *masses* ou en *morceaux* irréguliers peut être plus ou moins pur, plus ou moins mélangé de *matières terreuses*.

On reconnaît l'impureté du soufre en chauffant dans un creuset, un poids donné de cette substance. Le soufre se volatilise, en laissant pour résidu les substances étrangères qu'il contient.

ALUN

L'alun est un sel blanc, très-soluble dans l'eau, astringent, cristallisé en octaèdres réguliers ; il a toujours pour base le sulfate d'alumine uni au sulfate de potasse ou d'ammoniaque et quelquefois à tous les deux. Il existe tout formé aux environs de plusieurs volcans ; mais la quantité en est si faible qu'il faut recourir à différents procédés pour fournir au commerce les 4 ou 5 millions de kilogrammes qui lui sont annuellement nécessaires. Les rapides progrès que la chimie a faits en France depuis quelques années ont rendu ces procédés de fabrication extrêmement faciles.

Dans le commerce, l'alun est ordinairement en grosses masses blanches et translucides, qu'on obtient en faisant fondre les cristaux dans leur eau de cristillisation et coulant le liquide dans de grands vases où il se fige.

L'alun sert principalement dans la teinture comme mordant. Il s'emploie aussi pour préserver les substances animales de la putréfaction, pour conserver les peaux avec leurs poils, pour garantir les bois et toiles de l'incendie, pour fabriquer le papier, la colle-forte, etc., etc.

SALPÊTRE

Le salpêtre, qu'on nomme aussi *nitre, sel de nitre, nitrate de potasse* est un sel extrait des terres et des vieux plâtres. Il est en prismes à six faces, incolore, fusible, d'une saveur fraîche, piquante et amère; il se décompose promptement par la chaleur; projeté sur des charbons ardents, il fuse, en activant la combustion.

Le salpêtre se forme continuellement dans les lieux exposés aux émanations des animaux, et où existent en même temps des bases salifiables, comme la chaux, la soude, la potasse ou la magnésie; ainsi on le trouve dans les écuries, les étables, les caves, sur les murs des habitations sombres et humides.

L'extraction du salpêtre se borne au lessivage des terres qui en sont imprégnées et à la concentration des lessives, qui fournissent alors immédiatement le sel cristallisé.

On emploie le salpêtre dans la fabrication des poudres et dans les ateliers de produits chimiques, pour en extraire l'acide nitrique, sulfurique, le chromate de potasse, le sous-carbonate de potasse et pour préparer l'amadou.

RÉSINES

Les résines sont des matières inflammables et onctueuses qui découlent de certains arbres et sont produites par l'huile volatile épaissie dans les cellules des corps organiques. Elles sont sèches, cassantes, fusibles, colorantes, insolubles dans l'eau, solubles dans les huiles et l'alcool.

Combinées avec un sel essentiel, elles forment les baumes, et unies aux corps muqueux ou extratifs, elles produisent des gommes-résines. La résine proprement dite se tire du pin. Pour distinguer ses espèces particulières, on ajoute à son nom celui de l'arbre ou du végétal qui la produit.

Nous allons décrire successivement les différentes matières résineuses qui se rattachent au commerce de l'épicerie.

RÉSINE. — La *résine* proprement dite est le marc de la distillation qui a produit l'essence de térébenthine. Ce marc se retire des alambics pour être placé dans des chaudières où on le refond. Il est ordinairement très-brun, couleur qui se remplace par une nuance jaunâtre à mesure qu'on jette de l'eau dans les chaudières. On agite le mélange saturé d'eau et on l'introduit bouillant dans des moules pratiqués dans le sable; ils donnent à ce corps la forme de pierre de moulin.

Le commerce distingue la résine par la couleur. La première qualité est jaune clair, d'un grain très-fin et exempte de cavités; la seconde est plus brune; sa pâte est fine et un peu chargées de cellules où séjourne de l'eau. Les autres espèces présentent des caractéres moins satisfaisants.

BRAI.— Le *brai* est une espèce de poix ou substance résineuse que l'on retire du sapin et du pin.

On distingue 3 espèces de brai : le *brai sec,* le *brai gras* et le *brai blanc.*

Le *brai sec* ou *colophane* est le résidu de la distillation de la térébenthine; c'est une résine presque complètement privée d'huile essentielle. Il est employé dans la fabrication du gaz à éclairage; il entre dans la composition du mastic de fontaine, de la cire à cacheter les bouteilles.

Le commerce en distingue trois qualités:

La première est rousse, à cassure vitreuse et transparente. Elle prend le nom de *colophane.* On doit préférer la plus friable et la plus semblable en apparence au sucre d'orge.

La seconde est plus brune; sa cassure est

pareille, mais elle est moins transparente et moins friable.

La troisième, dite *brai bâtard*, est composée de diverses matières provenant de mauvaises opérations; elle est peu friable et d'une cassure opaque; la couleur est noire. On doit préférer le brai qui se rapprochera des qualités supérieures.

Le *brai gras* est un composé de deuxième ou troisième qualité, fondu avec du goudron. Il s'emploie à calfater les navires et les bateaux à cause de ses qualités tenaces.

Le *brai blanc* est une matière résineuse de même couleur et de même odeur que la gomme élémi, qu'elle peut remplacer dans ses emplois auprès de quelques industries, tels que les chapeliers et les fabricants de vernis.

POIX.— On donne le nom de *poix* à plusieurs substances résineuses ou bitumeuses. La *poix blanche* est composée de brai sec, de galipot et de noir de fumée combinés. On doit préférer la plus brillante, la plus noire, la plus cassante et la plus facile à s'amollir à la manipulation.

La *poix blanche* ou *poix de Bourgogne* fut longtemps préférée dans ce pays. On doit la choisir blanche, dure et ombrée. Elle contient beaucoup d'huiles et de sels essentiels.

GOUDRON.— Le *goudron* s'obtient en brûlant les pins qui ont déjà fourni leurs parties résineuses. Pour cela, on les scie et on les fend en très-petits morceaux qu'on arrange les uns sur les autres dans un four ou une fosse en forme de cône renversé. On couvre le tout de gazon et on met le feu à l'échafaudage; à mesure que le bois se consume, la résine se détache et filtre jusqu'au sol, où, suivant une pente, elle vient se réunir, dans un canal conduisant le liquide dans un réservoir extérieur. Ce produit est logé dans des futailles de bois de châtaignier vides de vin. On le recueille dans le département des Landes et de Lot-et-Garonne.

Le *goudron du Nord*, qu'on recueille de la même manière, est supérieur au précédent; sa couleur est plus noire, sa pâte plus fine et plus brillante.

Les belles qualités de goudron sont noires, consistantes, liquides, non-grenues et peu surchargées d'eau. Aussi, doit-on, quand on en prend livraison, faire percer les futailles très-bas, pour faciliter l'écoulement de ce liquide s'il y a lieu. Cela s'appelle *purger le goudron*, et cette précaution est presque indispensable.

COLOPHANE PRÉPARÉE. — C'est une matière

résineuse retirée du brai sec par des moyens peu connus. On en frotte les archets qui râclent plus rudement les cordes des instruments. Elle se forme de deux parties de brai sec et d'une de poix blanche. On fait bouillir le tout en remuant souvent, et on éprouve la matière. Quand, en la laissant refroidir, elle se cassera facilement en poudre fine, on arrêtera le feu et après avoir enlevé avec une écumoire, les impuretés surnageantes, on prendra avec précaution la matière la plus limpide, qu'on coulera dans des cylindres de papier. La colophane est livrée en cet état au commerce et aux luthiers, qui lui font subir souvent un raffinage en la faisant refondre avec une faible quantité de vinaigre.

On doit choisir la colophane douée d'une belle couleur jaune paille, diaphane, friable, et donnant en s'écrasant une poudre blanche. On la confond souvent avec le brai sec, dont la couleur est plus rembrunie.

COLLE FORTE

La colle-forte est une matière gélatineuse qu'on obtient par la décomposition des matières animales réduites en gélatines. Chaque fabricant a des procédés particuliers de fabrication. Nous n'entrerons pas dans le détail de ces procédés, qui n'appartiennent en rien au commerce de l'épicerie.

La *colle-forte d'Angleterre* est la plus recherchée des ébénistes et des menuisiers. On la trouve dans le commerce en plaques carrées de 2 décimètres de côté sur 8 ou 10 millimètres d'épaisseur. Elle est ou rouge très-rembrunie ou jaune verdâtre, mais toujours très-nébuleuse et presque opaque; chaque fragment vu de côté présente un reflet verdâtre. Sa tenacité est immense.

La *colle forte de Hollande* tient le second rang. Elle est jaune d'une demi transparence; sa cassure est brillante. Ses plaques sont formées en carrés longs de 22 cent. et d'une épaisseur de 4 à 5 millimètres.

La *colle de France* circule dans le commerce en plaques de 22 centimètres sur 8 de large, et d'une très-mince épaisseur. Sa couleur est jaune blond, et sa transparence vitreuse.

La *colle-forte de France nuancée* est classée dans le commerce en plusieurs catégories, parmi lesquelles nous mentionnerons les suivantes:

1º La *colle-forte façon anglaise* circule en plaques de 15 centimètres de longueur, sur une épaisseur de 4 millimètres. Elle est friable, rougeâtre, transparente et nébuleuse. On doit préférer la plus verte et la plus inodore.

2° La *colle forte de Givet* présente les caractères de la précédente. Sa couleur est moins rembrunie ; mais elle conserve une odeur animale déplaisante et une flexibilité qui l'empêche d'être cassée. On l'emploie beaucoup à cause de sa valeur médiocre.

3° La *colle-forte des chapeliers*, qui circule en plaques de toutes dimensions ; ses nuances sont brunes, noires opaques, et son odeur désagréable. Elle est employée à la fabrication des feutres.

4° La *colle façon de Flandre*, qui circule en plaques semblables à celles qui arrivent réellement de ce pays.

5° La *colle-forte liquide*, qu'on obtient en fondant de la colle de Flandre avec une quantité égale de vinaigre, un quart d'alcool et très-peu d'alun. Cette composition peut remplacer la colle forte, mais elle a moins de tenacité.

6° La *colle a bouche*, qui se fabrique en faisant fondre de la colle de Flandre de première qualité, bien inodore, avec un peu de sucre et quelques gouttes d'essence fine. On l'emploie en la mouillant avec la salive. Elle circule en petites plaques rectangulaires. On doit préférer la plus jaune et la plus agréable au goût.

Les meilleures colles fortes sont les moins colorées, les moins odorantes, celles qui se gonflent le plus dans l'eau, qui font prendre en gelée la plus forte préparation de ce liquide. Une bonne colle forte solidifie à 0 degré 3 ou 4 fois son poids d'eau. Les colles-fortes les plus mauvaises sont celles qui se dissolvent le plus à froid dans l'eau; ce sont les plus colorées, les plus brunes.

Les usages de la colle-forte sont nombreux, et varient avec sa qualité. On s'en sert souvent pour les placages dans la menuiserie, l'ébénisterie, l'art du doreur.

Voici un procédé très-efficace pour reconnaître la bonne qualité de la colle-forte : laissez 3 ou 4 heures dans l'eau froide un morceau de colle à éprouver. Si elle enfle sans se dissoudre et si, étant tirée de l'eau, elle reprend sa première sécheresse, on peut la regarder comme excellente.

COLLE DE POISSON

La colle de poisson se prépare avec la vessie aérienne des esturgeons, poissons de grosse espèce que l'on pêche dans le Volga, et les autres fleuves de la mer Noire et de la mer Caspienne. On en trouve qui pèsent jusqu'à 600 kilos.

La colle de poisson, principalement préparée en Russie, est d'un blanc légèrement jaunâtre, demi-transparente, fibreuse et tenace, sans odeur, d'une saveur fade, soluble, sans résidu dans l'eau bouillante, et se prend en gelée par le refroidissement.

Dans le commerce, la colle de poisson se présente en *plaques* ou *feuilles*, en *lyre*, en *cœur*, en *grands* et *petits cordons*.

Les diverses espèces commerciales de colle de poisson sont les suivantes:

1° La colle de *Russie*, la plus chère et la plus estimée ; elle vaut environ 45 fr. le kilog.

2° La colle de *Cayenne*, qui vaut environ 14 fr. le kilog.

3° La colle en *livret*, peu soluble et d'un mauvais emploi.

4° La colle appelée *queue de rat*, qui provient de la vessie natatoire de la morue ; elle est insoluble et très-défectueuse.

La meilleure colle de poisson est la plus blanche, la plus divisible, et la plus fondante.

Cet article est très-nécessaire à diverses industries : il sert à faire des gelées de table, le

taffetas d'Angleterre, et à la clarification de liquides, tels que la bière.

***

CÉRUSE

La céruse est une combinaison d'acide carbonique et d'oxyde de plomb, blanche, friable,
insipide, insoluble dans l'eau, soluble avec effer-
vescence dans les divers acides.

Dans le commerce, la céruse se livre en *poudre fine*, ou fortement tassée en masses dans de
petits vases côniques qui lui donnent la forme
de *pains*; on la prépare, en outre, mêlée et
broyée à l'huile.

Sans entrer dans les divers procédés de fabrication, nous dirons que la meilleure céruse
est la moins chargée de parties calcaires et celle
qui possède le plus d'oxyde de plomb.

Le commerce donne toujours la préférence
à la *céruse de Rotterdam*, qui réunit les qualités
les plus convenables à un emploi avantageux.
Elle présente, en effet, une blancheur de neige
et un grain d'une finesse extrême; elle est
aussi très-pesante, très-grasse au toucher et
s'écaille facilement lorsqu'on appuie l'ongle
sur ses bords.

La *céruse de Lille* peut rivaliser avec celle de

Rotterdam ; mais elle est moins pesante. Sa consommation est devenue très-importante.

La *céruse de Pezénas* est d'une blancheur éblouissante ; son grain est très-fin ; mais sa dureté la rend très-difficile à broyer, ce qui fait que les artistes ne l'emploient qu'à défaut d'autre.

La *céruse de Clichy* se présente souvent avec une belle couleur blanche, quelquefois azurée et en pâte plus ou moins fine et serrée. Son grain est peu égal, elle n'a jamais cette douceur qui accompagne toujours la céruse de Rotterdam,

Parmi toutes ces céruses, la préférence doit être donnée à la qualité la plus lourde et qui réunit les qualités de celles de Rotterdam. Par conséquent, il faut rebuter avec soin la céruse rude au toucher, d'une teinte rousse, d'un grain trop apparent qui se brise facilement et qui ne s'écaille pas net.

JAUNE DE CHROME

Le jaune de chrome, dont le vrai nom est *chromate de plomb*, est une combinaison d'acide chromique et d'oxyde de plomb. C'est une des couleurs minérales les plus éclatantes. Il est insoluble dans l'eau.

Dans le commerce le jaune de chrome est moulé en pains carrés. Sa couleur varie du jaune clair au jaune orange, suivant qu'on emploie pour le préparer l'acétate ou le sous acétate de plomb.

Il est très-employé dans la peinture à l'huile, dans la fabrication des papiers peints, des indiennes, Il entre dans la composition des vernis de couleur. Il sert à la coloration des poteries.

OCRE

Les *ocres* sont des argiles mêlées d'oxyde de fer en différentes proportions. Le Berry, la Normandie, la Guienne en possèdent des quantités immenses jaunes, et la Piccardie en a de brunes. Ces corps sont d'un emploi journalier en peinture.

L'*ocre de Rue* ou *ocre brune* est une argile colorée par les eaux ferrugineuses qui y séjournent, la couleur est rouilleuse et très-rembrunie. On en trouve beaucoup dans certains marais de la Somme, près de Rue.

L'*ocre jaune* est celle qui s'emploie le plus en peinture. Les premières qualités s'exploitent dans la Loire-Inférieure. On la distingue par *vieille* et *nouvelle mine*. On doit préférer la vieille, dont la couleur est plus belle, plus grasse et plus avantageuse ; la nouvelle est sèche, moins jaune, douce au toucher et non graveleuse, ce qui est un grand défaut pour ce corps.

Pour éprouver cette substance, on en prend une pincée et on en frotte un morceau de papier ; l'ocre qui attache le plus est la meilleure.

L'ocre rouge n'arrive à cette couleur que par l'action d'un feu violent auquel on soumet l'ocre jaune avant de la pulvériser.

MINIUM

Le minium, qu'on appelle ordinairement *vermillon commun*, est le quatrième degré d'oxidation du plomb. Il est rouge, sablonneux, pulvérulent, d'un rouge vif et insoluble dans l'eau. On doit préférer le plus coloré.

Le minium est employé dans la cristallerie, dans la poterie ; il sert à colorer les cires molles et à cacheter ; il sert dans les peintures à l'huile, et à la préparation de quelques mastics. Il entre dans la composition de certains apprêts pour les cuirs vernis.

Les Anglais et les Hollandais ont été longtemps seuls à préparer le minium. M. Olivier est celui qui a monté à Paris, le premier appareil Français, pour la fabrication du minium.

CINABRE

Le cinabre, qu'on nomme aussi *vermillon*, est le produit d'une combinaison du mercure avec le soufre.

On distingue deux espèces de cinabre l'un naturel l'autre artificiel.

Le *cinabre naturel* se trouve en masses compactes qui varient depuis le rouge pâle jusqu'au rouge foncé et noirâtre, ou bien encore, en cristaux transparents de la couleur du rubis, souvent même en écailles ou en lames feuilletées. Dans ces divers états, on lui donne le nom de vermillon natif. On en trouve en assez grande abondance en Hongrie et en Espagne. Le département du Calvados en possède une mine de trés-peu d'importance.

Le *cinabre artificiel* s'obtient en associant 3 parties de mercure coulant à une partie de soufre. Nous n'entrerons pas dans le détail des procédés de fabrication; nous dirons seulement que le cinabre, mis en poudre très-fine, est d'une couleur extrêmement riche, qu'on lave et qu'on fait sécher, pour le renforcer de nouveau. C'est en cet état qu'il prend le nom de *vermillon*.

On distingue plusieurs espèces de vermillon :

1° Le *vermillon d'Allemagne*, d'une couleur orangée et dont la finesse ne laisse rien à désirer.

2° Le *vermillon d'Autriche*, dont la couleur et la finesse sont admirables, et qui tient le premier rang dans le commerce.

3° Le *vermillon de Chine*, qui est rouge, éclatant et impalpable, mais qui n'a pas un effet aussi agréable que le précédent, quoiqu'il soit plus foncé.

4° Le *vermillon de France*, qui a diverses nuances désignées par des numéros qui en indiquent les différentes qualités de finesse et de couleur. Il se fabrique à Paris.

Les qualités inférieures sont souvent mélangées de corps étrangers; on le reconnaît en en mettant deux pincées sur une pelle que l'on place sur des charbons ardents. Il noircit, mais par le refroidissement il doit reprendre sa couleur primitive. S'il reste terni, on chauffe longuement, et le cinabre se volatilisant, il reste les corps étrangers dont il est facile d'apprécier la quantité.

BLEU DE PRUSSE

Le *bleu de Prusse* est une combinaison d'azote et de carbone que fournissent diverses parties des animaux, telles que le sang de bœuf mélangé avec l'alun et le sulfate de fer. Chaque fabricant a pour cela ses recettes particulières ; aussi en fait-on circuler de toutes les nuances, et à des prix gradués, suivant la finesse de leur couleur plus ou moins veloutée.

Le *bleu de Prusse*, dit de *Berlin*, tient le 1er rang. Il est en pains carrés plus ou moins allongés, assez réguliers et d'un poids très-léger. Sa couleur est d'un bleu très-foncé, sans reflets, du moins à l'extérieur, car si l'on en enlève un éclat, l'intérieur des pains présente aussitôt un reflet violet tirant sur le gorge de pigeon, ce qui donne à cette pâte un aspect cuivreux, semblable à celui de l'indigo le plus fin, dont il dépasse pourtant de beaucoup la valeur. Il faut avoir soin de choisir le bleu de Berlin entier et réunissant au suprême degré la couleur et le reflet que nous venons de signaler.

Le *bleu de Prusse* miloré est préparé à Paris et tire son nom de son fabricant; il a l'apparence de celui de Berlin, mais à l'emploi, le rendement est sensiblement plus faible.

Le *bleu de Prusse fin foncé* est en pains carrés formés avec plus ou moins de régularité et d'une couleur bleue très-foncée avec un léger reflet cuivré. En le frottant ou en le cassant, la pâte doit en paraître extrêmement fine, unie et sans la moindre divergence dans sa couleur. Le plus entier et le moins poussiéreux doit obtenir la préférence.

Le *bleu de Prusse ordinaire foncé* est celui que l'on prépare avec l'amidon ou toute autre fécule à laquelle on donne une couleur bleue aussi foncée que possible. La forme de ces pains est allongée, et ils ont plus ou moins de tenue suivant la quantité d'amidon qu'on y introduit. On doit donner la préférence au plus entier, ainsi qu'à la pâte la plus fine présentant à la casse une couleur égale.

Le bleu de Prusse en général s'emploie dans la peinture et la teinture.

INDIGO

L'indigo est une matière colorante que l'on

extrait par la fermentation et par des procédés locaux des feuilles de plusieurs espèces d'*indigotiers*. Sa couleur est un mélange de bleu et de violet. L'intensité et la pureté de ces deux couleurs sont les premières observations que l'on doit faire : un bel indigo en est toujours chargé.

L'indigo le plus léger est reconnu le meilleur.

La couleur de l'indigo ne se juge jamais que sur la cassure fraîche. Par le frotement sur un corps dur, il acquiert un éclat métallique d'un cuivré jaunâtre. La pâte qui est fine et homogène dans les qualités supérieures, devient grossière dans les inférieures.

L'indigo offre une teinture précieuse, qui se fixe solidement sur les étoffes.

GARANCE

La garance est une plante vivace, herbacée, à tiges rameuses et chargées d'aspérités, et dont la racine sert en teinture. Elle croît dans les pays méridionaux, principalement en Languedoc, en Normandie et dans le Haut et Bas-Rhin.

On distingue la garance rouge et la jaune : la rouge, cultivée dans les terres sablonneuses, s'emploie de préférence à teindre les cotons, les fils et les draps; la jaune est consacrée à teindre les soieries.

La garance doit n'avoir ni taches, ni odeur de moisi, ce qui ferait brunir promptement les couleurs qu'elle pourrait donner.

Les racines qui séjournent longtemps en magasin perdent de leur qualité. On doit repousser les poussiéreuses et les cariées et préférer les plus odorantes et les plus fraîches.

La grosseur de cet article n'est d'aucune influence sur la qualité.

La cassure de cette racine offre quatre couches dont les produits forment les diverses qualités de garance en poudre désignées à Avignon par garance extra-fine, superfine, surfine, fine, mi-fine et billon.

La première de ces couches est la pellicule ou épiderme rougeâtre; la seconde, l'écorce rouge, noire; la troisième, la chair de la racine d'une couleur rouge pâle ou jaune orangé, et la quatrième, le cœur ou la nervure de même nuance que l'espèce précédente.

La *garance billon* est le produit de la première couche. Cette qualité est très-inférieure, de peu de valeur et ne sert qu'à baisser le prix des autres qualités auxquelles on la mêle. On l'expédie en futailles marquées B.

La *garance mi-fine* est expédiée en colis marqués M. F.

La *garance fine* est le produit du résidu des des deux premières opérations, que l'on broie sous une meule. La poudre qui en résulte est mêlée avec la garance mi-fine, et forme la qualité fine que l'on distingue sur les futailles par les lettres FF.

La *garance surfine* est le produit pur de l'opération précédente et d'une dernière qui broie tout ce qui peut rester de la racine. Cette qualité est marquée par S. F.

La *garance superfine* porte les lettres S. FF.

La *garance extra-surfine* se désigne par les initiales E. S.F.

Il existe aussi des garances plus ou moins brunes que l'on désigne par les marques MF, MC, CF, OF, O, et qui sont toutes défectueuses.

Quelquefois la garance est falsifiée par l'addition de substances terreuses. Pour reconnaître cette falsification, il faut prendre une bonne pincée de garance moulue, et la jeter à la surface d'un verre d'eau. La garance reste à la surface du liquide, tandis que la terre se précipite au fond.

AMIDON

L'amidon est une matière féculente, que l'on extrait de toutes les graines céréales. Elle est blanche, pulvérulente, douce au toucher, sans saveur ni odeur.

La meilleure qualité d'amidon est celle qui provient du principe immédiat du froment ; on l'obtient par la fermentation et des lavages successifs.

L'amidon de deuxième qualité se prépare avec les recoupettes des blés, des seigles et même des farines avariées ; d'où il résulte que le commerce se trouve souvent surchargé de produits plus redoutables les uns que les autres et dont le choix exige quelque discernement.

Ce qui constitue une belle qualité d'amidon, c'est la grande blancheur ainsi que la finesse impalpable de son grain, ses aiguilles allongées et régulières, sa froideur au toucher et son absence totale d'odeur. Il doit aussi craquer sous les doigts lorsqu'on le réduit en poudre.

L'amidon se divise dans l'eau froide ; au contact de l'eau bouillante, il se gonfle et se résout en une matière épaisse, transparente, mucilagineuse, connue sous le nom d'*empois*.

L'amidon est surtout employé par les blanchisseuses ; il sert aussi à faire la colle de pâte pour le cartonnage, la brochure, la reliure, les tapisseries, l'application des couleurs et l'affichage.

BLANC D'ESPAGNE

Ce blanc est une craie lavée et épurée que l'on prépare aux environs de Rouen, d'où on l'expédie en pains carrés et un peu allongés.

Ces pains sont d'une couleur plus ou moins blanche, suivant la siccité de leur pâte, et sont rangés symétriquement dans des boîtes, qu'on achève de remplir avec du son.

Depuis quelques années, on a changé le nom de blanc d'Espagne contre celui de blanc de Rouen.

On doit donner la préférence au blanc de Rouen dont les pains sont entiers, secs, blancs, et dont la pâte est fine, douce au toucher et non graveleuses.

Ce blanc entre dans la peinture à la détrempe. On s'en sert aussi comme crayon dans les écoles, pour écrire sur les tableaux noirs.

Le *blanc de Meudon* est une variété de blanc d'Espagne ; c'est une craie lavée, épurée et mise en pain à Meudon, village près de Paris. Ces pains sont ordinairement arrondis au lieu d'être carrés ; la pâte en est aussi plus fine, mais leur couleur est moins blanche. Les vitriers les recherchent pour leurs mastics.

GOMME ARABIQUE

La gomme arabique ou *gomme d'Arabie*, est le suc gommeux qui découle de différentes espèces d'accacias.

Elle est en morceaux irréguliers, secs, d'un aspect brillant, transparents ; mais vus en masse ils paraissent opaques. Sa cassure est nette, luisante et glacée à la surface.

On doit toujours préférer la gomme la plus blanche et la plus pure.

Cette gomme est entièrement soluble dans l'eau, et a une odeur et une saveur presque nulles.

On trouve souvent la gomme arabique mélangée avec la *gomme du pays*, qui est d'un prix inférieur. Cette fraude est facile à reconnaître : la gomme du pays produite par presque tous les arbres à noyaux (*cerisiers, abricotiers, amandiers,* etc.) est en morceaux très-irréguliers, très-colorés, non friables ; elle est en partie insoluble dans l'eau, avec laquelle elle forme une espèce de mucilage. Ces caractères la font distinguer de la véritable gomme arabique.

CHLORURE DE CHAUX

Le chlorure de chaux est la combinaison du chlore avec le protoxyde de calcium. On le prépare en saturant de chlore la chaux éteinte.

C'est une poudre blanche d'une saveur âcre et désagréable et répandant l'odeur du chlore ; il est lentement décomposé par l'acide carbonique de l'air, et instantanément par l'acide sulfurique.

Cette matière est fréquemment employée dans les arts, surtout au blanchiment du coton, de la toile, du linge et des chiffons destinés à la fabrication du papier on s'en sert aussi journellement pour blanchir les vieilles étampes, restaurer les vieux livres, et enlever les taches d'encre.

CIRAGES

On donne le nom de *cirages* aux compositions employées pour noircir les chaussures et les harnais, et les faire luire en leur donnant une sorte de vernis. Ce nom vient de ce qu'autrefois ont y faisait entrer de la cire.

Un grand nombre d'épiciers fabriquent eux-mêmes le cirage qu'ils vendent. Il existe un grand nombre de formules pour cette préparation ; nous allons leur indiquer les meilleures. Mais avant tout il nous semble qu'il n'est pas sans utilité de faire connaître les qualités qui constituent un bon cirage.

Avant d'acheter du cirage, il est prudent de l'essayer en l'appliquant sur du cuir encore humide et en le frottant avec une brosse. On doit rebuter celui qui serait long à présenter une belle couleur noire et un joli brillant, de même que celui qui serait de nature à blanchir en séchant avant d'avoir reçu le coup de brosse. Cette d'éfectuosité est d'autant plus à redouter qu'elle dénote une trop forte quantité d'acide sulfurique qui altère le cuir, le racornit et finit par le brûler. — Ces renseignements seront surtout précieux pour les épiciers qui ne fabriquent pas eux-mêmes leurs cirages.

1° Cirage Anglais

Pour le préparer, prenez :

Noir d'ivoire	125	grammes
Mélasse	125	—
Acide sulfurique	31	—

> Huile d'olive. . . . .   2 cuillerées
> Vinaigre . . . .   25 centilit.

On remue bien dans un vase de faïence vernissé le noir d'ivoire et la mélasse, l'on y ajoute l'acide sulfurique, en continuant d'agiter le mélange ; enfin, on y verse l'huile, et l'on incorpore le vinaigre peu à peu.

2° Autre formule

Prenez :

> Mélasse . . . . 300 grammes
> Noir d'ivoire. 100   —
> Gomme en poudre. 30   —
> Noix de Galle. 10   —
> Indigo 5   —
> Acide sulfurique. 30   —
> Esprit de sel. 30   —
> Vinaigre. 120   —

On délaye dans une terrine vernissée le noir d'ivoire, l'indigo et la gomme avec la mélasse ; on ajoute la noix de Galle réduite en poudre. Quand le mélange est opéré on y verse lentement et sans cesser de le remuer avec une cuillère de bois, d'abord l'esprit de sel et ensuite l'acide sulfurique. On délaye le tout dans le vinaigre et on met en bouteilles.

3° Autre formule

Prenez :

Noire d'ivoire	384	grammes
Mélasse	384	—
Sulfate de fer pulvérisé	64	—
Huile	64	—
Noix de Galle pulvérisées	8	—
Acide hydrochlorique	125	—
Acide sulfurique	125	—
Vinaigre	1	litre

Mêlez le noir d'ivoire avec le sulfate et la noix de Galle, ajoutez la mélasse et l'huile, puis la moitié du vinaigre, puis l'acide hydrochlorique ; versez enfin l'acide sulfurique et le restant du vinaigre par petites portions alternatives en ayant soin de bien agiter.

Cette formule donne l'un des meilleurs cirages reluisants que l'on puisse employer.

4° Cirage imperméable

Prenez :

Suif	120	grammes
Axonge	60	—
Térébenthine	30	—
Cire jaune	30	—
Huile d'olive	30	—

On fait fondre le tout ensemble, et quand ce mélange est froid, on en prend une partie pour frotter la chaussure, qu'on laisse ensuite sécher à l'ombre

5° Autre formule

Prenez :

Huile d'œillette	1 litre
Suif de mouton........	250 grammes
Cire jaune.............	180 —
Résine................	31 —

On fait fondre le tout dans un vase de terre, et, lorsque cette préparation est à demi refroidie, on l'étend sur les bottes et les souliers avec une brosse, en ayant soin que le cuir soit sec. Les bottes et les souliers, ainsi préparés, peuvent rester très-longtemps dans l'eau sans prendre l'humidité.

ENCRES

Les différentes espèces d'encres, ainsi que leurs usages sont assez connus pour qu'on nous dispense d'en parler ici. Nous allons seulement indiquer, pour chaque espèce, les qualités qui la distinguent, et les meilleures recettes pour la préparer.

L'*Encre usuelle* est une liqueur noire dont on se sert journellement pour écrire. Elle doit être fluide et coulante, et placée sur le papier, elle doit paraître rousse, et noircir d'une manière sensible en séchant.

Voici les meilleures recettes pour la préparer.

Première recette

Pour préparer l'encre double luisante, on prend :

Sulfate de fer................	500 grammes
Noix de Galle pilées grossièrement................	1 kil. 1/2
Bois de Campêche............	1 kilog.
Indigo.....................	16 grammes
Gomme arabique............	31 —
Vinaigre...................	1 kilog.
Eau.......................	6 kilog.

On fait bouillir le tout pendant 2 heures ; ensuite on presse et on filtre au papier sans colle.

On met cette encre dans des bouteilles bien bouchées afin d'en conserver le lustre.

Deuxième recette

Voici une autre recette plus simple que la

précédente pour la préparation de cette même encre :

On prend 500 grammes de noix de Galle, 250 gram. de vitriol vert et 166 grammes de bois d'Inde ; on met le tout dans 5 litres d'eau de fontaine froide, on remue le mélange tous les jours pendant la première quinzaine ; au bout de ce temps, on peut se servir de l'encre, en ajoutant à chaque litre, lorsqu'elle sera tirée à clair, 30 gram. de gomme arabique fondue dans un demi-verre de vinaigre.

Il faut avoir soin de tenir toujours l'encre dans des bouteilles bien bouchées.

Troisième recette

Voici la recette d'une encre très-brune pour les écoliers, et dont la préparation est des plus simples.

Noix de Galle concassées...	250 grammes
Sulfate de fer.............	100 —
— de cuivre........	6 —
Gomme arabique.........	100 —

Mélez le tout dans une cruche ou vase quelconque. Faites chauffer d'une part, jusqu'à ébullition, 3 ou 4 litres d'eau. Versez sur les substances. Agitez d'abord et ensuite de temps en temps, avec une baguette, et vous aurez dans

2 ou 3 jours une encre très-bonne. Ajoutez, après le refroidissement, pour l'empêcher de moisir, 20 gouttes d'essence de romarin ou de toute autre essence.

Gaffard.

Quatrième recette

Prenez :

Garance . . . . 30 grammes
Indigo. . . . . 30 —
Eau. . . . . quantité suffisan^{te}

Faites bouillir le mélange et dès que cette décoction a pris une couleur pourpre très-prononcée, on y ajoute un huitième de son poids d'acide sulfurique. Cette encre est d'abord pâle; mais il suffit de l'exposer quelques moments devant le feu pour quelle devienne très-noire. Elle est ineffaçable.

PAINS A CACHETER

Le pain à cacheter est un pain sans levain formé de la plus belle farine de froment, délayée avec de l'eau en bouillie claire et introduite dans des moules de gaufre. On les colore diversement. Lorsqu'il est fabriqué, on le coupe en pièces arrondies au moyen d'instruments. Il sert à cacheter les lettres.

ALLUMETTES

On ne se sert plus aujourd'hui que de celles que nous connaissons sous le nom d'*allumettes chimiques*. Un moyen mécanique récemment inventé permet à un seul ouvrier fendeur d'allumettes d'en débiter jusqu'à 800,000 par jour.

Le docteur *B. Lunel* indique le procédé suivant pour la préparation des allumettes chimiques :

Chromate de potasse . . . . 8 parties
Chlorate de potasse 16
Péroxyde de plomb 12
Sulfate rouge d'antimoine 7
Verre pilé 12
Gomme 8
Eau 36

Faites dissoudre la gomme dans l'eau qui doit être froide ; prenez moitié de la solution ajoutez-y le chromate et le chlorate, et remuez jusqu'à ce que le mélange des diverses substances soit complet. Mélangez à part dans la seconde moitié de la solution, le péroxyde de plomb, l'antimoine et le verre, puis réunissez les deux mélanges et brassez-les avec soin. Le brassage terminé, la pâte est prête à être employée. Les allumettes doivent être préalablement munies de soufre.

Voici une autre recette qui produit des allumettes qui n'éclatent pas:

Prenez:

Gomme arabique............ 16 parties
Phosphore................. 9
Nitre..................... 14
Oxyde de manganèse........ 16

Il y a encore une autre espèce d'allumettes que l'on nomme *oxygènées*. Elles sont soufrées, puis trempées dans une préparation formée du mélange d'une partie de soufre et de trois parties de chlorate de potasse, légèrement gommé et coloré en rouge ou en bleu. Il suffit d'en plonger l'extrémité, ainsi préparée, dans un flacon garni d'amiante et contenant de l'acide sulfurique pour que, retirée à l'instant, elle prenne feu et le communique à l'allumette.

Les allumettes et le flacon sont renfermés dans un petit étui, que l'on désigne dans le commerce sous le nom de *briquet oxygèné*.

HOUBLON

Le houblon est une plante indigène, munie de feuilles opposées, et assez semblables à celles de la vigne. On l'appelle aussi *vigne du septentrion*.

Ce végétal croît dans les haies, le long des chemins, au bord des ruisseaux, et se cultive en Angleterre, en Hollande, en Allemagne, aux États-Unis, et dans quelques départements du nord.

La bonne qualité du houblon doit présenter des cônes, nommés improprement *fleurs*, gros, bruns, jaunâtres et aromatiques. Ce végétal doit être ferme au toucher, gluant et pressé dans la main, doit se couvrir d'une poussière farineuse, jaune, odorante et résinoïde. Plus elle sera considérable, plus le choix sera supérieur. Cette poudre, à laquelle *Yves* a donné le nom de *lupulin*, contient la partie la plus essentielle du houblon.

Les cônes de houblon sont employés surtout dans les arts qui en consomment de grandes quantités pour la fabrication de la bière.

BOIS DE BRÉSIL

Le bois de Brésil, qu'on nomme aussi bois

de Fernambouc, est produit par un arbre qui croît dans le Brésil et particulièrement aux environs de Fernambouc, et qui s'élève à une très-grande hauteur.

Ce bois circule dans le commerce en bûches de plus d'un mètre de longueur sur 54 millimètres de diamètre. Leur forme est indéterminée; on donne la préférence à celles qui sont rondes et plates. Ce bois est précieux par la couleur rose qu'il procure aux teintures.

On doit choisir ce bois en bûches lourdes, et plombantes, d'une grosseur moyenne, du poids de 5 kilogrammes au plus et débarrassées de toutes saletés. Leur saveur doit être douce et leur couleur rouge égale sur toute leur surface.

TROISIÈME PARTIE

Articles spéciaux.

PROCÉDÉS DIVERS

Sous ce titre, nous allons donner une série de formules et recettes d'une application sûre et facile ayant rapport au commerce de l'épicerie.

Nous croyons devoir prévenir nos lecteurs que ces formules et recettes ne sont pas l'œuvre d'un seul homme ni présentées au hasard. C'est aux savants Dumas, Thénard, Pelouse, Poyen, Chevalier, Sainte-Preuve, etc., que nous les avons empruntées en partie, de même qu'aux diverses publications usuelles rédigées par des ingénieurs ou écrivains technologistes.

Moyen de conserver les raisins, les poires et les melons.

On prend une cuve neuve, on la garnit au fond et sur les côtés avec du son de froment séché au four ; on met un lit de fruit et un lit de son jusqu'à ce que la cuve soit pleine Au bout de 8 mois, les fruits sont aussi frais que si on venait de les cueillir. Mais il faut avoir soin de fermer exactement la cuve, pour que l'air ne puisse y pénétrer. Il faut encore que les fruits soient placés de manière qu'ils ne se touchent pas.

Autre moyen de conserver les poires et les pommes.

On les place dans une cuve ou caisse en bois, comme il est dit à la recette précédente, et, au lieu de son, on emploie du sable qu'on a eu soin de faire sécher pendant l'été.

Moyen de conserver les têtes d'artichauts

Après avoir coupé le bout des feuilles ou écailles selon la manière culinaire, on jette les artichauts dans une chaudière d'eau bouillante, on les y laisse pendant 3 ou 4 minutes, et ensuite on les retire pour les jeter dans un baquet d'eau fraîche, où ils reprennent leur verdure ordinaire. Après qu'ils sont refroidis et un peu égouttés, on les place dans des pots de grès, et l'on verse dessus une saumure faite pour 12 litres d'eau, de manière que la saumure s'élève au moins trois centimètres au-dessus des artichauts. On met ensuite une couche de beurre fondu sur la saumure, pour intercepter toute communication avec l'air intérieur, on ferme le pot avec un ou deux papiers ficelés, et on le place en lieu sec.

Pour faire usage de ces artichauts, il faut les faire dessaler, dans de l'eau froide, assez de temps pour qu'ils deviennent doux.

Autre moyen.

Après avoir coupé par quartiers les artichauts, dont on ôte le foin, on les met dans l'eau fraîche, pour les empêcher de noircir. On les fait ensuite blanchir à l'eau bouillante, puis on les met en bouteilles auxquelles on donne deux heures d'ébullition.

Moyen de conserver les abricots.

Coupez les fruits en deux, enlevez les noyaux dont on extrait les amandes que l'on monde de leur pellicule en les faisant blanchir à l'eau bouillante ; on les place avec les fruits dans des bouteilles qu'on remplit de sirop de sucre à 20 degrés ; on bouche et l'on donne seulement quatre minutes d'ébullition au bain-marie.

Moyen de conserver les pêches.

Même procédé que pour les abricots, mais seulement 3 minutes d'ébullition.

Moyen de conserver les petits pois

Remplir des bouteilles à large goulot des petits pois, les bien tasser, bouchez et ficelez. Les placer droites dans un four, une heure après qu'on en a retiré le pain. Les bouteilles sont enlevées du four lorsqu'elles sont refroidies et placées, le goulot en bas, dans une température sèche et franche. On peut conserver ainsi les cerises, les prunes, les mirabelles, etc., etc.

Moyen de conserver le raisin.

On enferme séparément chaque grappe, bien nettoyée et éclaircie, dans des sacs de papier percés de trous d'épingle, ou mieux dans des sacs de crin. Si le raisin est en parfaite maturité, il faut étrangler la queue de la grappe avec le fil qui sert à fermer le sac.

Autre moyen.

On conserve encore le raisin dans des tonnéaux défoncés sur lesquels on replace le fond.

On établit dans un baril neuf un lit alternatif de *son de blé*, bien séché au four, et de grappes de raisins à grains serrés. On place ce baril, bien fermé, à une température égale et peu élevée. Le raisin peut ainsi se conserver pendant 6 mois.

Autre procédé

Après avoir choisi des raisins aussi sains et aussi beaux que possible, et pas trop mûrs, on les fait sécher légèrement au soleil pendant quelques heures, puis on les range, isolés les uns des autres et couchés par couches, dans un baril, avec du son bien sec ou de la sciure de bois blanc, ou des cendres de lessives bien tamisées. On ferme hermétiquement le baril et on le tient dans un endroit sec. Quand on veut faire usage de ce raisin, il suffit pour lui rendre la première fraîcheur, de tremper, pendant 8 ou 10 minutes, dans du vin bouillant, les queues des grappes dont on aura d'abord coupé un petit bout. On emploie du vin blanc ou du vin rouge, suivant que le raisin est blanc ou noir.

Préparation des raisins secs

Les raisins ayant été cueillis à leur point de maturité et bien secs, il faut d'abord les blanchir, ce qu'on opère en plongeant à 3 reprises les grappes dans l'eau bouillante, et mieux dans une lessive de cendres bouillante, les cendres de sarments sont les meilleures pour cet usage: on peut y ajouter quelques poignées de romarin de lavande, ou d'autres plantes arômatiques.

Après ce bain, dont la durée est de quelques minutes; on les suspend à des perches, ou bien on les place sur des claies pour les faire sécher au soleil; il faut avoir soin de les rentrer chaque soir. Trois ou quatre jours suffisent ordinairement pour que les raisins soient suffisamdesséchés. On ne doit pas les laisser parvenir au dernier degré de dessication. Quand ils sont convenablement desséchés, on les range dans des caisses qu'il faut visiter de temps en temps, soit pour leur donner de l'air soit pour s'assurer qu'il n'y a point de moisissure ; et s'ils se sont bien conservés pendant un mois, on peut les mettre en réserve.

Moyen de conserver les fraises

Même procédé que pour les abricots, mais

sirop à 25 degrés et 2 minutes seulement d'ébullition.

Moyen de conserver les framboises

Même procédé que pour les fraises.

Moyen de conserver les fruits en général,

Il faut prendre les fruits lorsqu'ils ne sont pas
tout-à-fait mûrs, les mettre dans un endroit
chaud pendant quelques jours afin d'en retirer
l'humidité. Ensuite, on a une caisse ou une
barrique parfaitement close; on y met une couche de farine ou de son bien sec; et une couche de fruits, de manière à ce qu'ils ne touchent pas; on en remplit ainsi le tonneau, que
l'on fonce parfaitement et que l'on met dans
un endroit sec: on a dû prendre le soin de ne
pas enmettre qui soient piqués et de cacheter
ceux qui ont leur queue.

Moyen de conserver les oranges et les citrons

Il faut les prendre bien sains, et faire sécher
au sable, dans lequel on les met, afin qu'il
n'y ait pas d'humidité et mettre la caisse ou
tonneau dans un endroit bien sec: ils se conservent ainsi 6 mois et plus.

Moyen de conserver les pommes de terre

Quel que soit le procédé que l'on emploie, il est des règles générales que l'on doit observer : les placer à l'abri du froid qui les gèle, de la chaleur qui les fait germer, de l'humidité qui les décompose, de la lumière qui les verdit.

Premier procédé

Déposer les pommes de terre dans des celliers ou des cuves non humides; ou dans des granges, en les éloignant des murs, et les divisant en tas de 75 centimètres à 1 mètre d'épaisseur, encaissées par des planches et de la paille etc. Les remuer et les changer de place de temps à autre.

Deuxième procédé

On creuse un trou, plus ou moins profond, dans un sol très-secs; le fond et le pourtour de ce trou sont garnis de mousse desséchée au four; les pommes de terre y sont placées et stratifiées avec du sable ou du terreau préalablement desséchés. Lorsque le tas de pommes de terre est élevé en dos d'âne, de 25 à 30 centimètres de hauteur au-dessus du sol, on jette par dessus la terre tirée du trou; on la bat fortement avec la pelle et on la recouvre d'une seconde couche épaisse de paille. Une simple barrique défoncée et posée debout dans un endroit très-sec, suffit pour conserver une petite provision de pommes de terre, stratifiées comme on vient de l'indiquer.

Troisième procédé

Placez-les pommes de terre dans des tonneaux défoncés et placés debout au milieu d'un tas de foin ou de paille.

Quatrième procédé

Il suffit de les échauder, c'est-à-dire de les laisser quelques minutes dans l'eau chaude pourvu que la peau ne soit pas attaquée; elles se conserveront ainsi sans jamais germer ni devenir gélines, et ne perdront ni leurs qualités farineuses ni leur saveur douce pendant plusieurs années, en les séchant bien lorsqu'elles sont sorties de l'eau. La chaleur d'un four peut suppléer à celle de l'eau et vaut beaucoup mieux, pourvu que les pommes de terre ne soient pas trop sèches quand on les y met, car la peau se déchirerait. Pour prolonger un temps infini la durée des pommes de terre en substance, il faut leur faire subir dans l'eau quelques bouillons, ce que l'on nomme vulgairement blanchir ; les couper ensuite par tranches, et les exposer au-dessus d'un four de boulanger ; là elles acquièrent la sécheresse et la transparence de la corne. Exposées ensuite dans un pot, avec un peu d'eau ou tout autre liquide, sur un feu doux, elles fournissent un aliment sain, comparable à la racine fraîche. En les réduisant en poudre, elles donnent une purée et des potages très-saulutaires.

Moyen de conserver les choux de Milan

On les coupe aussitôt que leurs tiges sont parvenues à 6 ou 7 centimètres de hauteur hors de terre. On creuse la moëlle des tiges à la profondeur de trois centimètres environ, en prenant garde d'en couper ou broyer l'écorce; les choux sont suspendus à des distances égales par la portion de la tige qui y reste, à des cordes qu'on attache au plafond d'une chambre. Par ce moyen, la partie creuse se trouvant en dessus, on la remplit d'eau tous les matins. Cela suffit pour entretenir la fraîcheur des choux pendant plusieurs années.

Moyen de conserver la salade

On emploie le même procédé que pour conserver les choux de Milan.

Moyen de conserver les citrouilles

Il faut les placer dans une cuisine, ou grenier, ou tout autre lieu sec et peu éclairé. Elle se conservent alors près d'un mois. Comme elles sont très-sensibles à la gelée il faut les recouvrir de paille.

La dessication complète assure aux citrouilles plusieurs mois de conservation.

Moyen de conserver les melons

S'il est cueilli à l'état de maturité, mis dans une glacière, il peut y rester frais et mangeable pendant plus d'un mois.

S'il est cueilli avant maturité, le ressuyer 24 à 48 heures à l'air, puis le mettre dans un tonneau rempli de sable, on de grès, ou de sciure de bois et de charbon en poudre, le tout bien sec et placé à l'abri de la lumière, de l'humidité, de la gelée et de la chaleur. Dans ces conditions, le mélon peut se conserver 20 jours environ.

Moyen de conserver les racines

Toutes les racines, telles que panais, navets, carottes, etc., se conservent parfaitement jusqu'en mai, dans du sable fin bien sec; mais il faut les laisser au moins une heure ou deux sur le sol avant de les y mettre.

Moyen de conserver les marrons et les châtaignes

Après avoir laissé 15 jours les marrons dans leurs enveloppes épineuses, on les débarrasse et on les étend à l'ombre sur un plancher pour leur faire perdre l'excès de leur eau de végétation. On reconnaît qu'ils sont suffisamment ressuyées lorsque le plancher qu'ils recouvrent n'offre plus des traces d'humidité. Alors on renferme les marrons dans des boîtes de fer-blanc se bouchant bien, et l'on place les boîtes dans un lieu sec et aéré, jamais à la cave. Comme ces boîtes, qui ne doivent pas contenir plus de 4 ou 5 kilogrammes de marrons, ne fatiguent point et peuvent être établies à très-peu de frais (moins de 2 fr. pièce), la dépense première n'est pas excessive et n'a besoin d'être renouvelée que partiellement et de loin en loin.

Moyen de rendre aux noix sèches leur fraîcheur et leur goût primitifs

Il suffit de les faire tremper pendant 5 ou 6 jours dans de l'eau pure, dans laquelle on a mis une cuillerée à bouche de sel gris par litre.

Autre procédé

Faites tremper les noix pendant deux jours dans du lait de vache faiblement chauffé, après quoi on les retire et on les laisse refroidir à l'air.

Moyen de rétablir les fruits gelés

Il faut les mettre dans de l'eau bien froide et les y laisser quelques temps; il se fait alors autour du fruit une croûte de glace qui, se fondant ensuite peu à peu, laisse le fruit aussi beau qu'il était avant d'être gelé.

On doit bien se garder d'approcher du feu les fruits gelés; ils perdraient toute leur saveur et se corromperaient promptement.

Moyen de rendre aux harengs salés les qualités de harengs frais

Il suffit de les dessaler, et de les faire tremper ensuite pendant 24 heures dans du lait de vache chaud. Le hareng retiré et essuyé au bout de ce temps, ressemble pour le goût comme pour l'œil, au hareng frais.

Moyen d'empêcher la moisisure sur les substances alimentaires

Il faut bien cuire ces substances, les bien comprimer, couvrir les confitures d'une légère couche de miel ; les herbes cuites de beurre fondu ou de saindoux ; couvrir les conserves d'une feuille de parchemin.

Procédé pour nettoyer les carafes

Introduire dans les carafes quelques morceaux de papier brouillard ou de papier gris, avec des coquilles d'œufs concassées et une petite quantité d'eau. On agite les vases en tout sens. On laisse ensuite le papier s'humecter, et, après avoir agité de nouveau les carafes, on les vide rapidement, il ne reste plus alors qu'à les rincer, les égoutter et les essuyer avec un linge bien sec.

Autre pour nettoyer les tonneaux

Mettre dans chaque tonneau, 3 litres de chaux vive et 6 litres d'eau ; fermez la bonde. Une heure après, ajoutez 12 litres d'eau et secouez le tonneau. Six heures après, lavez à plusieurs reprises à l'eau froide, et terminez par un rinçage avec un ou deux litres de vin.

SUBSTANCES VENENEUSES

DONT LA VENTE EST INTERDITE AUX ÉPICIERS

—

Les épiciers-droguistes peuvent faire le commerce des drogues simples, mais il leur est interdit de les débiter au poids médical.

Il n'en est pas de même des substances vénéneuses, dont la fabrication, la vente et l'emploi sont soumis à la surveillance de l'administration.

Voici le tableau des substances vénéneuses, dont la vente est interdite aux épiciers :

Acétate de mercure.

Acétate de morphine.

Acétate de zinc.

Arsenic, ses composés et les préparations qui en dérivent.

Acide cyanhydrique.

Aconit et ses composés.

Alcool sulfurique (Eau de Robel).

Anémone pulsatile et ses préparations.

Augusture fausse et ses préparations.

Atropine.

Belladonne et ses préparations.

Brucine et ses préparations.

Bryone et ses préparations.

Cantharides et leurs préparations.

Carbonate de cuivre et d'ammoniaque.

Céradille et ses préparations.

Chlorure d'antimoine.

Chlorure ammoniaco-mercuriel et de mercure.

Ciguës et leurs préparations.

Codéïne et ses préparations.

Coloquinte et ses préparations.

Cyonure de mercure.

Daturine.

Digitale et ses préparations.

Elatérium et ses préparations,

Elébore blanc et noir et leurs préparations.

Emétine.

Emétique.

Epurge et ses préparations.

Euphorbe et ses préparations.

Fèves de Saint-Ignace, préparations qui en dérivent.

Huile de cantharides.

Huile de ciguë.

Huile de croton tiglium.

Huile d'épurge.

Iodure d'ammonique.

Iodure d'arsenic.

Iodure de potassium.

Iodure de mercure.

Kermès minéral.

Laurier-cerise et ses préparations.

Laudanum; composés et mélanges.

Liqueur arcenicale de Pearson.

Liqueur arsenicale de Fouler.

Morphine et ses composés.

Narcéïne.

Narcisse des prés.

Narcotine.

Nicotianine.

Nicotine.

Nitrate amoniaco-mercuriel.

Nitrates de mercure.

Opium.

Oxyde de mercure.

Picrotoxine.

Pignon d'Inde.

Rhuns radicans.

Sabine.

Solanine.

Soufre doré d'antimoine.

Seigle ergoté; préparations qui en dérivent.

Staphysaigre.

Sulfate de mercure.

Strychnine et ses composés.

Tartrate de mercure.

Turbith minéral.

Vératrine.

Les substances indiquées dans la nomenclature qui précède sont vendues par les pharmaciens, conformément aux dispositions de l'ordonnance du 29 octobre 1846, et sous la surveillance de l'administration, mais la vente en est interdite aux épiciers.

QUATRIÈME PARTIE

Législation et règlementation

DÉBIT DES BOISSONS

Droits de débit

Alcools. — Le droit de débit des alcools qui était originairement de 34 pour cent, puis de 50 pour cent, plus le double décime de guerre, a été élevé à 75 pour cent par la loi des finances du 27 juillet 1860.

Cette disposition s'applique aux esprits en cercle et en bouteilles et fruits à l'eau-de-vie.

Le double décime est maintenu.

Le droit de débit est dû à la fin du trimestre ou à la cessation de commerce d'un débitant; il est même exigible au fur et à mesure de la vente sur les pièces entièrement débitées.

Vins. Les droits perçus sur les vins sont de 15 pour cent du produit de la vente, sauf la déduction de 3 pour cent accordée pour coulage et dépense de ménage. *Ex.*: Une pièce de vin de 250 litres, vendue à raison de 50 cent. le litre donne un prix total de 125 fr.

Le droit perçu de 15 p. %, s'élève à... 18 fr. 75
Sur lesquels on déduit 3 p. %........   56
____

Reste net à percevoir................... 18 fr. 19
Plus le double décime de guerre...... 3   64
____

Total en principal et en décime....... 21 fr. 83

PRIX du litre	DROITS REÇUS PAR			
	litre	10 litres	50 litres	250 lit.
0 fr. 25	0 f. 06	0 f. 45	2 f. 21	10f 90
0 50	0 10	0 10	4 38	21 83
0 75	0 16	1 32	6 57	32 75
1 00	0 19	1 76	8 75	43 66

LICENCE

L'autorisation préalable du préfet est nécessaire à l'épicier qui désire ouvrir un débit de boissons à emporter. Mais il doit encore se munir d'une licence, qui lui est délivrée par les employés de la Régie.

La licence se paie par trimestre et à l'avance,

de sorte que le premier trimestre est dû lors de la déclaration.

La licence s'applique au débit et non au débitant. Celui qui remplace un assujetti dans son établissement, jouit donc de la licence de son prédécesseur, mais il doit faire une déclaration au bureau de la Régie, dont le timbre est dû.

Les droits de licence sont payés conformément au tarif ci-après pour la vente au détail.

	PRIX compris le double-décime.	
	par an	par tr^e.
Dans les communes au-dessous de 4000 habitants...	7^f 20	1^f 80
de 4,000 à 6,000......	9 60	2 40
de 6,000 à 10,000.....	12	3
de 10,000 à 15,000.....	14 40	3 60
de 15,000 à 20,000.....	16 80	4 20
de 20,000 à 30,000.....	19 20	4 80
de 30,000 à 50,000.....	21 60	5 40
de 50,000 et au-dessus, (Paris excepté)...........	24	6
Mar^ds en gros en tous lieux...	60	15

Lorsqu'un débitant prend sa licence ou déclare cesser dans le courant d'un trimestre, il paie la licence du trimestre en entier.

Celui qui cesse son débit et le reprend avant l'expiration du trimestre pour lequel la licence a été payée, n'est pas tenu de la payer une seconde fois pour ce même trimestre, seulement il doit en faire la déclaration au bureau de la Régie, et a le timbre à 10 centimes à payer.

La licence n'est valable que pour un seul débit, c'est-à-dire que celui qui a plusieurs débits ouverts dans la même ville doit payer autant de licences qu'il a de débits.

Celui qui veut changer son débit de rue doit en faire la déclaration au bureau de la Régie; le timbre seul est dû.

L'amende pour contravention au droit de licence est de 300 fr.; en cas de fraude, elle est augmentée de 4 fois les droits fraudés.

Exercices des employés de la Régie

Tout débitant de boissons, de quelque espèce que ce soit, est sujet aux visites et exercices de la Régie.

Les employés n'ont qualité pour se présenter chez les débitants qu'autant qu'ils sont porteurs de leur commission ; les débitants peuvent en demander l'exhibition.

A chaque exercice, les débitants doivent représenter aux employés et cela instantanément, les expéditions de la Régie qui ont accompagné les boissons nouvellement introduites dans leur débit.

Au premier exercice, le débitant n'est pas obligé de dire l'origine des boissons qu'il déclare ; mais il doit déclarer toutes les boissons qu'il possède chez lui ou ailleurs.

Un débitant peu avoir plusieurs caves, mais il doit les déclarer à la Régie.

Les débitants sont tenus d'accompagner ou de faire accompagner immédiatement les employés dans leurs exercices.

Un débitant, sous quelque prétexte que ce soit, ne peut se refuser aux visites des employés ; en cas d'absence, il doit charger quelqu'un de le représenter et de les accompagner.

Le débitant est responsable des refus apportés par la femme ou par toute autre personne qui le remplace.

Lorsque le débit a lieu dans un endroit séparé et distinct de l'habitation du débitant, les employés ont le droit d'exercer non-seulement le débit, mais encore la maison d'habitation.

Les recherches dans le domicile du débitant sont faites sous l'assistance d'un officier de police, lorsqu'elles sont dirigées par un employé supérieur du grade de contrôleur au moins, ou lorsqu'un employé de ce grade les a autorisés par un ordre écrit spécial et nominatif.

Les débitants ne peuvent se refuser d'ouvrir les meubles, chambres et dépendances de leur habitation.

Les boissons trouvées dans une partie de leur habitation qu'ils prétendent avoir louée à un tiers, sont considérées comme leur appartenant, et les constituent en contravention s'ils ne présentent un bail authentique.

Un bail n'est authentique que lorsqu'il est par devant notaire et enregistré. Ils doivent le représenter à toute réquisition des employés.

Toutes communications avec les voisins doivent être scellées; s'il y a impossibilité, les voisins peuvent être admis aux exercices sur l'autorisation du préfet.

La clef d'un local trouvée chez un débitant fait présumer que les boissons découvertes lui appartiennent.

Prix de vente.

Les prix doivent être déclarés aux employés

au moment de la mise en vente des boissons.

Ces prix doivent être affichés dans un endroit
apparent du débit.

Les employés fournissent cette affiche, moyen-
nant 10 c. pour le timbre.

Si les débitants changent les prix déclarés, ils
doivent en avertir les employés à leur premier
exercice.

En cas de contestation entre les employés et
les débitants, relativement à l'exactitude de la
déclaration des prix de vente, il en est référé au
maire de la commune, qui prononce sur le dif-
férent. On peut en appeler au préfet, mais le
droit est perçu provisoirement d'après la déci-
sion du maire, sauf rappel ou restitution.

Mouillage des liquides spiritueux.

Pour le mouillage des liquides spiritueux on
peut, savoir :

1° Affaiblir un liquide spiritueux au moyen
d'un mélange d'eau ou d'un autre liquide spiritueux.

Dans le premier cas, il faut multiplier le
volume de l'esprit donné par le plus fort degré,
et diviser par le plus faible.

Soit, par exemple, 100 litres d'esprit à 90 degrés à réduire à 50 degrés en y ajoutant de l'eau. On multiplie 100 litres par 90 et on divise ce produit par 50, ce qui donne 180 litres. On retranche de ces 180 litres les 100 litres d'esprit, on trouve qu'il faut ajouter 80 litres d'eau.

Dans le second cas, il faut multiplier la différence du plus fort degré au moyen, par le volume de l'esprit donné et diviser par la différence du degré moyen au plus faible, pour obtenir le volume de l'esprit au degré le plus faible. Par exemple, on a 100 litres à 90 degrés, on veut en faire du 50 degrés avec du 40 degrés.

On a $100 \times \dfrac{90-50}{50-40} = 100 \times \dfrac{40}{10} = 400$ litres à 40 degrés, à ajouter aux 100 litres à 90 degrés pour avoir de l'eau-de-vie à 50 degrés.

2° On peut avoir à obtenir, avec un esprit d'un degré connu, un volume donné d'un autre liquide à un degré plus faible.

Pour trouver la quantité d'esprit qu'il faut prendre, multipliez ce volume donné par le plus petit degré, et divisez le produit par le plus fort degré.

Par exemple, on veut faire 100 litres d'eau-de-vie à 48 degrés avec de l'esprit à 86 degrés, combien faut-il prendre de litres d'esprit?

On a : $100 \times \dfrac{48}{86} = 55$ litres 8 cent. d'esprit à 86 degrés.

Les débitants non rédimés ne peuvent faire de mouillage ou coupage hors la présence des employés.

Le débitant qui transvase de l'eau-de-vie en bouteilles paie sur son eau-de-vie comme sur des liqueurs ou de l'alcool pur.

Chaque bouteille est comptée comme un litre.

L'eau-de-vie camphrée n'est pas assujettie aux droits.

Un débitant qui n'a pas fait de déclaration restrictive ne peut s'opposer à l'exercice de certains fûts, sous prétexte qu'ils sont pour sa consommation personnelle; mais le débitant qui a déclaré ne vouloir vendre qu'une espèce de boissons n'est pas tenu de déclarer un prix de vente pour celles d'une autre espèce qu'il a déclaré conserver pour sa consommation particulière. Il doit les faire venir chez lui par congé et elles sont prises en charge et exercées pour mémoire.

Les débitants ne peuvent avoir, à moins d'une autorisation spéciale, de boissons en vaisseaux, d'une contenance moindre d'un hectolitre.

L'administration de la Régie autorise l'usage des vaisseaux inférieurs à l'hectolitre pour les spiritueux.

En caisse, ils peuvent recevoir 25 bouteilles de vin et toute quantité d'alcool.

Ils ne peuvent mettre en perce des fûts supérieurs à 5 hectolitres. La Régie tolère ce fait.

Ils ne peuvent avoir plus de trois fûts de même espèce en vente à la fois. La Régie tolère.

Les débitants ne peuvent faire de vente en gros dans des fûts inférieurs à un hectolitre, et en paniers au-dessous de 25 bouteilles. L'enlèvement doit être fait en présence des employés, qui doivent remarquer les fûts vendus.

Les débitants ne doivent enlever aucun fût vide, sans qu'il soit démarqué.

Les débitants ont le droit de demander que la rédaction des actes des employés ait lieu sur place; ils peuvent en demander la lecture, les signer et en recevoir copie.

Les débitants qui ont un registre coté et paraphé par le juge de paix, peuvent exiger que les employés y consignent les résultats de leurs opérations.

Falsification des substances alimentaires

La loi du 27 mars 1851 sur les falsifications

des substances alimentaires, contient ce qui suit :

Article premier. — Seront punis des peines portées par l'art. 423 du code pénal.

1° Ceux qui falsifieront des substances ou denrées alimentaires ou médicamenteuses destinées à être vendues; 2° ceux qui vendront ou mettront en vente des substances ou denrées alimentaires ou médicamenteuses qu'ils sauront être falsifiées ou corrompues; 3° ceux qui auront trompé ou tenté de tromper sur la quantité des choses livrées, les personnes auxquelles ils vendent ou achètent, soit par l'usage de faux poids et de fausses mesures, ou d'instrument inexacts servant aux pesage et mesurage, soit par des manœuvres ou procédés tendant à fausser l'opération du pesage ou mesurage, ou à augmenter frauduleusement le poids ou le volume de la marchandise, même avant cette opération, soit, enfin, par des indications frauduleuses, tendant à faire croire à un pesage ou mesurage antérieur et exact;

Article 2. — Si, dans les cas prévus par l'art. 423 du code pénal, ou par l'article 1er de la présente loi, il s'agit d'une marchandise contenant des mixtions nuisibles à la santé, l'amende sera de 50 à 500 fr., à moins que le quart des restitutions et dommages-intérêts n'excède

11*

cette dernière somme; l'emprisonnement sera de trois mois à 2 ans. — Le présent article sera applicable même au cas où la falsification nuisible serait connue de l'acheteur ou consommaturs.

Article 3.— Sont punis d'une amende de 16 à 25 fr., et d'un emprisonnement de 6 à 10 jours, ou de l'une de ces deux peines seulement, suivant les circonstances, ceux qui sans motifs légitimes, auront dans leurs magasins, boutiques, ateliers, ou maisons de commerce, ou dans les halles, foires ou marchés, soit des poids ou mesures faux, ou autres appareils inexacts, servant au pesage ou au mesurage, soit des substances alimentaires ou médicamenteuses qu'ils sauront être falsifiées et corrompues. Si la substance falsifiée est nuisible à la santé, l'amende pourra être portée à 50 fr., et l'emprisonnement à 15 jours.

Article 4. — Lorsque le prévenu, convaincu de contravention à la présente loi ou à l'article 423 du code pénal, aura dans les 5 années qui ont précédé le délit, été condamné pour infraction à la présente loi ou à l'art. 423, la peine pourra être élevée jusqu'au double, du maximum; l'amende prononcée par l'article 423, et par les art. 1 et 2 de la présente loi, pourra être portée jusqu'à 1,000 fr. si la moitié des restitutions et dommages-intérêts n'excède pas cette somme ; le tout sans préjudice de l'application, s'il y a lieu, des art. 57 et 58 du code

Article 5. — Les objets dont la vente, l'usage ou la possession constituent le délit, seront confisqués conformément à l'article 423 et aux art. 477 et 481 du code pénal. — S'ils sont propres à un usage alimentaire ou médical le tribunal pourra les mettre à la disposition de l'administration pour être distribués aux établissements de bienfaisance. — S'ils sont impropres à cet usage ou nuisibles, les objets seront détruits ou répandus aux frais du condamné — Le tribunal pourra ordonner que la destruction ou effusion aura lieu devant l'établissement ou le domicile du condamné.

Article 6. — Le tribunal pourra ordonner l'affiche du jugement dans les lieux qu'il désignera, et son insertion intégrale ou par extrait dans tous les journaux qu'il désignera, le tout aux frais du condamné.

Art. 7. — L'art. 463 du code pénal sera applicable aux délits prévus par la présente loi.

Article 8. — Les deux tiers du produit des amendes sont attribués aux communes dans lesquelles les délits auront été constatés.

Article 9. — Sont abrogés les articles 475, n° 14, et 479, n° 5, du code pénal.

Falsification des boissons.

La loi du 5 mai 1855 déclare applicables aux boissons les dispositions de la loi du 27 mai 1851, Voici le texte de cette loi :

Article premier. — Les dispositions de la loi du 27 mars 1851 sont applicables aux boissons.

Article 2. — L'article 318 et le numéro 6, de l'art. 475 du code pénal sont et demeurent abrogés.

Article 3. — Toute altération de boissons, de quelque importance qu'elle soit, lorsqu'il n'est pas constaté qu'elle ait eu lieu avec des substances nuisibles à la santé, par exemple le mélange de l'eau à l'eau-de-vie, constitue la contravention prévue par les articles 475 et 477 du code pénal. (*cassation*, 12 *juillet* 1855).

Depuis la loi du 5 mai 1855, dont il s'agit, le tribunal de police est compétent pour statuer sur une prévention de cette nature. Les délinquants doivent être traduits en police correctionnelle.

Toutefois le juge de police est compétent pour statuer sur une prévention d'exposition en vente, sur la place du marché, de denrées alimentaires corrompues en contravention à un arrêté municipal, lorsqu'il n'est pas établi ni même articulé par le ministère public que le prévenu connaissait l'état de corruption de ces denrées, circonstance qui entraînerait l'application de l'art. premier, de la loi du 27 mars 1851.

Jurisprudence en matière de débit de boissons

Les arrêtés des préfets qui, en vertu du décret du 29 décembre 1851, ordonnent la fermeture des débits de boissons, ne sont exécutoires pour ceux qu'ils concernent, qu'à partir de la notification qui leur en est faite. Et cette notification doit être faite par écrit; il ne suffirait pas d'une simple lecture de l'arrêté donnée par le commissaire de police au débitant.

L'autorisation exigée par le décret du 29 décembre 1850, pour l'ouverture des débits de boissons est nécessaire, ainsi que nous l'avons dit, aux marchands épiciers qui vendent de l'eau-de-vie à emporter, et qui laissent les acheteurs boire des petits verres sur leur comptoir.

Un particulier qui, avant la loi du 29 décembre 1851, s'est établi épicier et débitant de l'eau-de-vie à consommer sur place, a besoin aujourd'hui d'une autorisation préfectorale pour convertir son débit d'eau-de-vie en un café pour y vendre toutes sortes de boissons.

Un épicier légalement autorisé à vendre de l'eau-de-vie à emporter ne peut la servir et laisser boire en petits verres sur le comptoir, sous peine d'être passible aux termes de l'art. 3 du décret du 29 décembre 1851, de 6 jours à 6 mois de prison.

DEMANDE

Par un épicier afin d'être autorisé à établir un débit de boissons à emporter.

A Monsieur le Préfet d....

MONSIEUR LE PRÉFET,

Le sieur J...., marchand épicier, demeurant à...., a l'honneur de vous exposer qu'il désire joindre à son établissement un débit de liqueurs et eau-de-vie sur table et à emporter ; que ce débit sera réellement utile, et n'offrira d'ailleurs le moindre inconvénient.

Que la surveillance en sera facile ; que l'exposant fera en sorte qu'il n'y soit commis aucun désordre, et que les lois et règlements sur la matière seront rigoureusement exécutés.

Il est, avec un profond respect, Monsieur le Préfet, votre très-humble serviteur.

(signature)

(date)

POIDS ET MESURES

Nous n'avons pas la prétention de donner ici un cours complet de système métrique ; nous nous bornerons simplement à exposer ce qui concerne les poids et mesures dont se servent les épiciers, c'est à dire que nous ne parlerons que des mesures de capacité et de celles de poids qui sont celles employées le plus souvent dans le commerce de l'épicerie.

Législation

Depuis le premier juillet 1840, tous poids et mesures autres que ceux établis par les lois des 18 germinal an 3, et 19 frimaire an 8, sont interdites sous les peines portées par l'article 479 du code pénal. (*loi du 4 juillet 1837, art. 3*).

Ceux qui ont des poids et mesures autres que les poids et mesures reconnus par la loi, dans leurs magasins, boutiques, ateliers ou maisons de commerce, ou les halles, foires ou marchés, sont punis, comme ceux qui les emploient, conformément à l'article 479 du code pénal. (*Id., art. 4*).

A compter de la même époque, toutes dénominations de poids et mesures autres que celles portées dans le tableau annexé à la loi du 4 juillet 1837, et que nous reproduisons par extrait ci-après, sont interdites dans les actes et sous-sing privé, les registres de commerce et autres écritures privées produits en justice. Elles sont également interdites dans les affiches et les annonces. (*Idem, art.* 5).

L'amende est de 20 fr. pour les officiers publics contrevenants, et de 10 fr. pour les autres contrevenants ; elle est perçue pour chaque acte ou écriture privée. Quant aux registres de commerce, ils ne donnent lieu qu'à une seule amende pour chaque contestation dans laquelle ils sont produits (*Idem art.* 5).

Les vérificateurs des poids et mesures constatent les contraventions prévues par les lois et règlements concernant le système métrique des poids et mesures. Ils peuvent procéder à la saisie des instruments de pesage et de mesurage dont l'usage est interdit par les dites lois et règlements. Leurs procès-verbaux font foi en justice jusqu'à preuve contraire. (*Idem, art.* 7).

Voici le tableau des mesures légales annexé à la loi du 4 juillet 1837, pour ce qui concerne les mesures de capacité et les poids.

1° Mesures de capacité.

Le kilolitre valant...... 1000 litres.
L'hectolitre............ 100
Le décalitre............ 10
Le litre.............. décimètre cube.
Le décilitre........... dixième du litre.

2° Poids.

Le kilogramme valant...... 1000 grammes
L'hectogramme........... 100 —
Le décagramme........... 10 —
Le gramme.............. poids d'un centimètre cube d'eau, à 4 degrés centigrades.
Le décigramme valant   le dixième du gram.
Le centigramme   »   le centième   »
Le milligramme   »   le millième   »

On trouve encore dans le même tableau deux autres poids, l'un de mille kilogrammes, qui est le poids d'un mètre cube d'eau et du tonneau de mer ; l'autre de cent kilogrammes, c'est le quintal métrique. Ces deux poids n'ont pas de noms systématique.

EXTRAIT DE L'ORDONNANCE

du 17 avril 1839.

—

De la vérification

Article 10.— Les poids et mesures nouvellement fabriqués ou rajustés seront présentés au bureau du vérificateur, vérifiés ou poinçonnés avant d'être livrés au commerce.

Article 11. — Aucun poids ou aucune mesure ne peut être soumis à la vérification, mis en vente ou employé dans le commerce, s'il ne porte d'une manière distincte et lisible, le nom qui lui est affecté par le système métrique.

Article 12.— La forme des poids et mesures servant à peser ou à mesurer les matières de commerce, sera déterminée par des règlements d'administration publique, ainsi que les matières avec lesquelles ces poids et mesures seront fabriqués.

Art. 13.— Indépendamment de la vérification primitive dont il est parlé dans l'art. 10, les poids et mesures dont les commerçants comcompris dans le tableau indiqué à l'art. 15 font usage, ou qu'ils ont en leur possession, sont soumis à une vérification périodique pour reconnaître si la conformité avec les étalons n'a pas été altérée.

Chacune de ces vérifications est constatée par l'apposition d'un poinçon nouveau.

Article 15.— Les préfets dressent, pour chaque département, le tableau des professions qui doivent être assujetties à la vérification.

Ce tableau indique l'assortiment des poids et mesures dont chaque profession est tenue de se pourvoir.

Article 16.— L'assujetti qui se livre à plusieurs genres de commerce, doit être pourvu de l'assortiment de poids et mesures fixé pour chacun d'eux, à moins que l'assortiment exigé pour l'une des branches de son commerce ne se trouve déjà compris dans l'une des autres branches des industries qu'il exerce.

Article 17.— L'assujetti qui, dans une même ville, ouvre au public plusieurs magasins, boutiques ou ateliers distincts et placés dans des maisons différentes et non contiguës, doit pourvoir chacun de ses magasins, boutiques ou ateliers, de l'assortiment exigé pour la profession qu'il y exerce.

Article 18. — La vérification périodique se fait tous les ans dans les chefs-lieux d'arrondissement et dans les communes désignées par le préfet, et tous les deux ans dans les autres lieux.

Le préfet règle l'ordre dans lequel les diverses communes du département sont vérifiées.

Article 19. — Le vérificateur est tenu d'accomplir la visite qui lui est assignée chaque année, et de se transporter au domicile de chacun des assujettis inscrits au rôle, dressé conformément à l'art. 50.

Il vérifie et poinçonne les poids mesures et instruments qui lui sont exhibés, tant ceux qui composent l'assortiment obligatoire au minimum, que ceux que le commerçant possèderait de surplus.

Il fait note de tout sur un registre portatif qu'il fait émarger par l'assujetti, et si celui-ci ne sait ou ne veut signer, il le constate.

Article 20. — La vérification périodique pourra être faite au siège des mairies, dans les localités où, conformément aux usages du commerce, et sur la proposition des Préfets, le ministre des travaux publics, de l'agriculture et du commerce, jugerait cette opération d'une plus facile exécution, sans toutefois que cette mesure puisse être obligatoire pour les assujettis, et sauf le droit d'exercice à domicile.

Les vérificateurs peuvent toujours faire, soit d'office ou sur la réquisition des maires et du procureur impérial, soit sur l'ordre du Préfet et des sous-préfets, des visites extraordinaires et improvisées chez les assujettis.

Article 26. — Les visites et exercices que les vérificateurs sont autorisés à faire chez les assujettis, ne peuvent avoir lieu que pendant le jour.

Néanmoins, ils peuvent avoir lieu chez les marchands et débitants, pendant tout le temps que les lieux de vente sont ouverts au public.

Article 27. — Les préfets fixent, par des arrêtés, pour chaque commune, l'époque où la vérification de l'année commence, et celle où elle doit être terminée.

A l'expiration du dernier délai ci-dessus, et après que la vérification aura eu lieu dans la commune, il est interdit aux commerçants d'employer et de garder en leur possession des poids mesures et instruments de pesage qui n'auraient pas été soumis à la vérification périodique et au poinçon de l'année.

Des droits de vérification.

Article 46. — La vérification première des poids, mesures ou instruments de pesage est faite gratuitement.

Il en est de même pour les poids, mesures et instruments de pesage rajustés, qui sont soumis à une nouvelle vérification.

Article 47. — Les droits de la vérification périodique sont payés par les poids et mesures formant l'assortiment obligatoire de chaque assujetti, et pour les instruments de pesage sujets à leur vérification.

Les poids et mesures excédant l'assortiment obligatoire sont vérifiés et poinçonnés gratuitement.

Article 53. — La perception des droits de vérification est faite par les agents du trésor public, sur les états-matrices dressés par les vérificateurs, conformément à l'art. 50.

Le montant intégral des rôles est exigible dans la quinzaine de sa publication.

De l'inspection sur le débit des marchandises qui se vendent au poids et à la mesure.

Article 28. — L'inspection du débit des marchandises qui se vendent au poids ou à la mesure est confiée spécialement à la vigilance et à l'autorité des préfets, sous-préfets, maires, adjoints et commissaires de police.

Article 29. — Les maires, adjoints, commissaires et inspecteurs de police, feront, dans leurs arrondissements respectifs, et plusieurs fois dans l'année des visites dans les boutiques et magasins, dans les places publiques, foires et marchés, à l'effet de s'assurer de l'exactitude et du fidèle usage des poids et mesures.

Article 32. Les vases ou futailles servant de ricipient aux boissons, liquides ou autres matières, ne sont pas réputés mesures de capacité ou de pesanteur.

Il doit être pourvu à ce que, dans le débit en détail, les boissons et autres liquides ne soient pas vendus à raison d'une certaine mesure présumée, sans être mesurés effectivement·

Des infractions et du mode de les constater

Article 34. — Indépendamment du droit conféré aux officiers de police judiciaire par le code d'instruction criminelle, les vérificateurs constatent les contraventions prévues par les lois et règlements concernant les poids et mesures, dans l'étendue de l'arrondissement pour lequel ils sont commissionnés et assermentés.

Ils sont tenus de justifier de leur commission aux assujettis qui le requèrent.

Leurs procès-verbaux font foi en justice jusqu'à preuve contraire, conformément à l'article 7 de la loi du 4 juillet 1837.

Article 35. — Les vérificateurs saisissent tous les poids et mesures autres que ceux maintenus par la loi du 4 juillet 1837.

Ils saisissent également tous les poids, mesures et instruments de pesage et mesurage altérés ou défectueux, et qui ne seraient pas revêtus des marques légales de la vérification.

Ils déposent à la mairie les objets saisis, toutes les fois que cela est possible.

Article 36. — Ils doivent recueillir et relater les circonstances qui ont accompagné soit la possession, soit l'usage des poids ou des mesures dont l'usage est interdit.

Article 37. — S'ils trouvent des mesures qui par leur état d'oxydation, puissent nuire à la santé des citoyens, ils en donnent avis aux maires et aux commissaires de police.

Article 38. — Les assujettis sont tenus d'ouvrir leurs magasins, boutiques et ateliers, et de ne pas quitter leur domicile, après que, par un ban publié dans la forme ordinaire, le maire aura fait connaître, au moins deux jours à l'avance, le jour de la vérification.

Il sont tenus de se prêter aux exercices toutes les fois qu'ont lieu les visites prévues par les art. 19 et 20.

Article 39. — Dans les cas de refus d'exercice, et toutes les fois que les vérificateurs procèdent chez les débitants, avant le lever et après le coucher du soleil, aux visites autorisées par l'article 26, ils ne peuvent s'introduire dans les maisons, bâtiments ou magasins, qu'en présence, soit du juge de paix ou de son suppléant, soit du maire, de l'adjoint, ou du commissaire de police.

Article 40. — Les fonctionnaires dénommés en l'article précédent ne peuvent se refuser à accompagner sur le champ, les vérificateurs, lorsqu'ils sont requis par eux, et les procès-verbaux qui sont dressés, s'il y a lieu, sont signés par l'officier, en présence duquel ils ont été faits, sauf aux vérificateurs en cas de refus, d'en faire mention auxdits procès-verbaux.

Article 41. — Les vérificateurs dressent leurs procès-verbaux, dans les vingt-quatre heures de la contravention par eux constatée. Ils les écrivent eux-mêmes ; ils les signent et affirment au plus tard le lendemain de la clôture des dits procès-verbaux, par devant le maire ou l'adjoint, soit de la commune de leur résidence, soit de celle où l'infraction a été commise. L'affirmation est signée tant par les maires et adjoints que par les vérificateurs.

Article 42. — Leurs procès-verbaux sont enregistrés dans les quinze jours qui suivent celui de l'affirmation ; et, conformément à l'article 74 de la loi du 25 mars 1817, ils sont visés pour timbre et enregistrés en debet sauf à suivre le recouvrement des droits contre les condamnés.

Article 43. — Dans le même délai, ces procès-verbaux sont remis au juge de paix, qui se conforme aux règles établies par les articles 20, 21 et 133 du code d'instruction criminelle.

Article 44.— Les vérificateurs des poids et mesures sont sous la surveillance des procureurs du Roi, sans préjudice de leur subordination à l'égard de leurs supérieurs dans l'administration.

Article 45.— Si les affiches et annonces contiennent des dénominations de poids et mesures autres que celles portées dans le tableau annexé à la loi du 4 juillet 1837, les maires, adjoints et commissaires de police sont tenus de constater cette contravention, et d'envoyer immédiatement leurs procès-verbaux au receveur de l'enregistrement.

Les vérificateurs et tous autres agents de l'autorité publique sont tenus également de signaler à ce même fonctionnaire toutes les contraventions de ce genre qu'ils pourront découvrir.

Les receveurs d'enregistrement, soit d'office, soit sur la transmission qui leur est faite des procès-verbaux ou rapports, dirigent contre les

contrevenants les poursuites prescrites par l'art.
5 de la loi précitée.

RÈGLEMENTATION

Ordonnance du 16 Juin 1839

Article premier.— A dater du premier janvier
1840, les poids, mesures et instruments de
pesage et de mesurage ne seront reçus à la vérification première qu'autant qu'ils réuniront
les conditions indiquées dans les tableaux annexés à la présente ordonnance.

Article 2.— Les poids, mesures et instruments
de pesage, portant la marque de la vérification
première et qui réuniront d'ailleurs les conditions exigées jusqu'ici, seront admis à la vérification périodique, *savoir:*

Les mesures décimales de longueur, après
qu'on aura fait disparaître les divisions et les
noms relatifs aux anciennes dénominations ;

Les mesures décimales pour les matières sèches quelle que soit l'espèce de bois dont elles
seront construites;

Les mesures décimales en étain, quels que
soient leurs poids ;

Les poids décimaux en fer et en cuivre,

quelle que soit leur forme, après que l'on a fait disparaître l'indication relative aux anciennes dénominations et pourvu qu'ils portent, sur la surface supérieure, les noms qui leur sont propres ;

Les poids décimaux en fer et en cuivre, portant uniquement leurs noms exprimés en myriagrammes, kilogrammes, hectogrammes ou décagrammes ;

Les poids décimaux à l'usage des balances bascules, pourvu qu'ils ne portent pas d'autre indication que celle de leur valeur réelle ;

Les romaines dont on aura fait disparaître les anciennes divisions et dénominations, pourvu qu'elles soient graduées en divisions décimales, et reconnues oscillantes ;

Les poids et mesures décimaux placés dans une des catégories qui précèdent, ne pourront être conservés par les assujettis qu'autant qu'ils auront subi avant l'époque de la vérification périodique de l'année 1840, les modifications exigées, ces poids et mesures pourront être rajustés, mais ils ne pourront pas être remontés à neuf.

Article 3. — Tous les poids et mesures autres que ceux qui sont provisoirement permis par l'art. 2 de la présente ordonnance, seront mis hors de service à partir du 1er janvier 1840.

Article 4.— Il sera déposé dans tous les bureaux de vérification, des modèles ou des dessins des poids et mesures, légalement autorisés pour être communiqués à tous ceux qui voudront en prendre connaissance.

Mesures de capacité pour les matières sèches

Noms des mesures	Profondeur et Diamètre.		
Hectolitre	503 millim.	1	»
Demi hectolitre	399 »	3	»
Double décalitre	294 »	2	»
Décalitre	233 »	5	»
Demi décalitre	185 »	3	»
Double litre	136 »	6	»
Litre	108 »	4	»
Demi litre	86 »	0	»
Double décilitre	63 »	4	»
Décilitre	50 »	3	»
Demi décilitre	39 »	0	»

Les mesures de capacité pour les matières sèches devront être construites dans la forme cylindrique, et auront intérieurement le diamètre égal à la hauteur.

Les mesures en bois ne pourront être faites qu'en bois de chêne ; elles devront être établies avec solidité dans toutes leurs parties.

Pour les mesures qui seront garnies intérieurement de potences ou autres corps saillants, la hauteur sera augmentée proportionnellement au volume de ces objets.

Les mesures en bois devront être formées d'une éclisse ou feuille courbée sur elle-même et fixée par des clous.

Toutes les mesures en bois devront être garnies à la partie supérieure d'une bordure en tole rabattue.

Les mesures, depuis y compris le double décalitre jusqu'à l'hectolitre, devront en outre être ferrées : on pourra, suivant l'usage auquel elles sont destinées, y adapter des pieds fixés avec boulons et écrous.

Les mesures en bois, de plus petite dimension pourront être garnies de bandes latérales en tole.

On pourra fabriquer des mesures pour les matières sèches, en cuivre ou en tole, pourvu qu'elles soient établies avec solidité et dans la forme ci-dessus prescrite.

Chaque mesure doit porter le nom qui lui est propre : le nom ou la marque du fabricant seront appliqués sur le fond de la mesure.

Mesures de capacité pour les liquides.

Les noms et la forme affectés aux mesures de capacité pour les matières sèches, dans le tableau précédent, serviront de règle pour la construction des mêmes mesures employées pour les li-liquides depuis l'hectolitre jusqu'au demi décalitre inclusivement. Elles pourront être établies en cuivre, tole ou fonte, mais sous la réserve expresse de prévenir par l'étamage ou autre procédé analogue, toute altération ou oxydation de nature à représenter des dangers dans l'usage de ces sortes de mesures.

Les mesures du double litre et au-dessous devront être construites exclusivement en étain, et auront intérieurement la hauteur double du diamètre.

Les mesures effectives autorisées pour les liquides, se divisent en trois classes, savoir :

1° Celles qui doivent être établies en *cuivre*, en *tole* ou en *fonte* ; 2° Celles qui ne peuvent être établies qu'en *étain* ; 3° Celles qui ne peuvent être établies qu'en *fer blanc*.

Les premiers sont des vases cylindriques dont la profondeur égale le diamètre, il y a cinq, comme il est indiqué [dans le tableau suivant :

Noms des mesures	Dimensions intérieures
Hectolitre..........	503 millim. 1
Demi-hectolitre.....	399 » 3
Double décalitre....	294 » 2
Décalitre..........	233 » 5
Demi-décalitre......	185 » 3

Les mesures qui ne peuvent être établies qu'en *étain* sont des cylindres creux dont la profondeur est le double du diamètre; elles sont au nombre de 8, et indiquées dans le tableau suivant :

NOMS des Mesures	Profondeur intérieure	Diamètre intérieur	Poids avec anses et sans couvercles
Double litre	216 mil. 7	108 mil. 4	1700 gram.
Litre......	172 0	86	1100 »
Dmi-litre..	136 6	68 3	650 »
Dle décilitre	100 6	50 3	335 »
Décilitre..	79 9	39 9	180 »
Demi-décil.	63 4	31 7	110 »
Dle centilitre	46 7	23 4	60 »
Centilitre..	37 1	18 5	35 »

Enfin, les mesures qui sont établies en *fer-blanc*, sont exclusivement destinées pour le lait et pour l'huile : elles ont, comme les mesures en cuivre, la forme d'un cylindre dont la profondeur égale le diamètre ; leurs noms et leurs dimensions se trouvent dans le tableau suivant :

Noms des Mesures	Profondeur et diamètre.
Double litre..............	136 millim. 6
Litre..................	108 — 4
Demi-litre.............	86 — 0
Double décilitre.......	63 — 4
Décilitre..............	50 — 3
Demi-décilitre.........	39 — 9
Double centilitre......	29 — 5
Centilitre.............	23 — 4

La série des mesures pour le lait commence au double litre et finit au demi-décilitre.

Celle des mesures à l'huile comprend le litre et toutes celles qui sont au-dessous.

Les mesures pour l'huile à manger doivent être marquées, par la lettre **M** sur la face extérieure ; et celles qui servent à l'huile à brûler, de la lettre **B**.

12*

Elles doivent toutes avoir une anse comme les mesures en étain.

Poids en Fer.

Les poids devront être construits en fonte de fer : leurs noms sont indiqués ci-après, ainsi que la dénomination abréviatique, qui devra être inscrite sur chacun d'eux, en caractères lisibles :

Noms des Poids	Abréviations qui doivent être indiquées sur la surface supére
50 kilogrammes......	50 kilog.
20 kilogrammes......	20 —
10 kilogrammes......	10 —
5 kilogrammes......	5 —
Double kilogramme....	2 —
Kilogramme.........	1 —
Demi-kilogramme....	1/2 —
Double hectogramme..	2 hectog.
Hectogramme........	1 —
Demi-hectogramme....	1/2 —

Les poids en fer de 50 et de 20 kilogrammes devront être établis en la forme de pyramide tronquée, arrondie sur les angles, et ayant pour base un parallélogramme.

Les autres poids en fer, depuis celui de 10 kilog. jusqu'au demi-hectogramme inclusivement, devront être établis en forme de pyramide tronquée ayant pour base un hexagone régulier.

Les anneaux dont les poids sont garnis devront être placés de manière à ne pas dépasser l'arrête des poids,

Chaque anneau devra être en fer forgé, rond et soudé à chaud.

Chaque anneau, attaché par un lacet, devra entrer sans difficulté dans la rainure pratiquée sur le poids pour le recevoir.

Chaque lacet devra être en fer forgé, et construit solidement, tant au sommet qui embrasse l'anneau qu'aux extrémités de ses branches lesquelles doivent être rebattues et enroulées par dessous, pour retenir le plomb nécessaire à l'ajustage.

Les poids en fer ne doivent présenter à leur surface ni bavures ni soufflures, et la fonte ne doit être ni aigre ni cassante.

Chaque poids doit être garni, aux extrémités du lacet d'une quantité suffisante de plomb coulé d'un seul jet, destiné à recevoir les empreintes des poinçons de vérification première et périodique, ainsi que la marque du fabricant qui doit y être apposée.

Poids en cuivre.

Les poids en cuivre, depuis celui de 20 hectogrammes jusqu'au gramme, ont la forme d'un cylindre surmonté d'un bouton.

La hauteur du cylindre doit égaler son diamètre, et celle du bouton doit en être la moitié ; cependant les poids *d'un* et de *deux* gram. doivent avoir le diamètre plus grand que la hauteur, afin de donner la place nécessaire pour y graver le nom du poids.

Les poids cylindriques, jusqu'au poids de 200 grammes, peuvent être massifs ou creux, mais le volume doit être le même pour les poids de même valeur.

Le tableau suivant comprend la série des poids cylindriques en cuivre, avec les dimensions qu'ils doivent avoir.

Noms des Poids.	Indications écrites sur la surface supérieu^e	Hauteur et diamètre du cylindre	Hauteur du bouton
20 kilogram.	20 kilog	142 mil.	71 mil.
10 —	16 —	114 —	57 —
5 —	5 —	90 —	45 —
Double kilog.	2 —	66 —	33 —
Kilogramme.	1 —	52 —	26 —
Demi-kilog.	500 gram.	42 —	21 —
Double hect.	200 gram.	32 —	16 —
Hectogramme	100 —	25 —	12 5
Demi-hectogr.	50 —	20 —	10 —
Double décag.	20 gram.	14 —	7 —
Décagramme.	10 —	11 —	5 5
Demi-décagr.	5 —	9 —	4 5
Double gram.	2 gram.	4 0 (hauteur) 8 (diamètre)	4 —
Gramme.	1 —	2 5 (hauteur) 7 (diamètre)	3 5

Les poids d'un demi gramme et au-dessous sont des lames de cuivre minces et carrées. Leurs dimensions sont détaillées au tableau suivant :

Noms des Poids.	Indic* qu'ils portent	Côtés du Carré.
Demi-gramme.	5 décig.	1 millimètre
Double décig.	2 —	12 —
Décigramme.	1 —	10 —
Demi-décigr.	5 C. G.	9 —
Double centig.	2 C. G.	7 —
Centigramme.	1 C. G.	6 —
Demi-centigr.	5 M. G.	5 —
Double millig.	2 M.	4 —
Milligramme.	1 M.	3 — 3

Il y a aussi des poids en cuivre, dans la forme de godets cônique, qui s'empilent les uns dans les autres, et dont le plus grand est une boîte qui les renferme tous.

Chaque série forme un poids d'un kilogr. ou d'un de ses sous-multiples, et chaque pièce correspond à l'un des poids cylindriques.

Les poids, soit en fer, soit en cuivre, se divisent en trois classes, savoir:

1° Les poids de 50 kilogrammes et au-dessous, jusque et y compris le kilogramme, sont appelés les *gros poids* ;

2° Les poids au-dessous du kilogramme, y compris le gramme, sont appelés *poids moyens*;

3° Enfin, les poids inférieurs au gramme sont appelés *petits poids*.

De la Balance.

La balance est un instrument dont on se sert pour connaître le poids des corps en les mettant en équilibre avec des poids déterminés Il y en a plusieurs sortes : nous ne parlerons ici que de la balance dite *à bras égaux*.

Cette balance, désignée sous le nom de balance de magasins ou de comptoir, doit être solidement établie. Le fléau doit être plus large qu'épais, principalement au centre, se tenir de lui-même dans une position horizontale, et tendre à reprendre cette position lorsqu'on l'en a écarté.

Pour peser un corps on le met dans un des bassins de la balance et l'on charge l'autre bassin avec des poids jusqu'à ce que l'équilibre soit établi; alors on dit que le corps pèse autant que les poids.

On dit que l'équilibre est établi quand le fléau est immobile dans la position horizontale;

alors l'aiguille, s'il y en a une marque zéro.

DISPOSITIONS RÈGLEMENTAIRES SPÉCIALES

Remarques Préliminaires

Les poids et mesures mentionnés et décrits dans les tableaux annexés a l'ordonnance du 16 juin 1839, et que nous avons reproduits au chapitre précédent, sont obligatoires dans toutes les transactions commerciales, entre acheteurs et vendeurs, qui, les uns et les autres, peuvent être déférés aux tribunaux pour avoir pesé et mesuré avec d'autres poids et mesures, que pesonne ne peut plus avoir en sa possession.

Dans les ventes et les achats on ne doit donner aux poids et mesures d'autres dénominations que celles qui sont portées aux dits tableaux ; car si, d'une part, le consommateur n'a rien à gagner en demandant un poids ou une mesure qui n'existe plus ; d'autre part, le marchand se met dans le cas d'une condamnation pour tromperie sur la marchandise vendue, puisqu'en se servant d'une expression qui n'a plus sa raison d'être, il livrerait, en réalité, une quantité qui ne sy rapporte pas.

Surveillance publique

Le gouvernement n'a jamais entendu s'immiscer dans le prix stipulé pour les transactions ; mais il a toujours voulu veiller à l'uniformité des poids et mesures. Pour cela, et conformément à l'ordonnance du 17 avril 1839, il est envoyé par le gouvernement, dans chaque arrondissement, un vérificateur dont la fonction est de s'assurer que personne dans la circonscription, ne s'écartera des prescriptions de la loi sur cette matière. Pour cela ce fonctionnaire a à procéder, *dans son bureau*, à une vérification première des instruments de pesage et de mesurage neufs ou rajustés, et au *domicile des assujettis*, à une vérification périodique des instruments dont ils font usage ou qui sont en leur possession. Le vérificateur a, de plus, à faire, soit d'office, soit sur la réquisition de l'autorité, des visites de surveillance extraordinaires et inopinées chez les assujettis.

Minimum obligatoire et professions assujetties

D'après la loi du 4 juillet 1837, tout industriel, tout commerçant, sont assujettis à l'emploi du système décimal et à la possession d'un assortiment de poids et mesures déterminé.

L'article 15 de l'ordonnance du 17 avril 1839 donne aux préfets le droit de dresser pour chaque département, le double tableau des professions assujetties, et du minimum obligatoire ou assortiment exigible.

En tournée de vérification périodique, le vérificateur s'assure d'abord si l'assujetti est pourvu de l'assortiment obligatoire. Dans le cas de la négative, il peut, lorsqu'il le juge convenable, assigner un délai à l'assujetti pour se pourvoir ; mais s'il ne trouve pas admissibles ses motifs d'excuses, il peut verbaliser contre lui.

Marque Annuelle

Pour assurer la garantie publique, le vérificateur en tournée périodique, appose une marque annuelle sur les poids mesures et instruments de pesage dont la conformité avec les étalons n'a pas été altérée. Il importe beaucoup aux marchands de veiller à ce que cette marque ne soit pas altérée, car les vérificateurs et tous les agents de l'autorité doivent en tout temps la retrouver intacte.

Lorsqu'un marchand achète des poids, des mesures ou des balances après l'époque du poinçonnage périodique, il doit les présenter à la marque de l'année courante, sans attendre l'application de celle qui suivra. Cette présentation doit être faite alors même que le marchand ne s'en servirait pas ; il suffit qu'il les ait dans sa boutique ou magasin pour être astreint à les présenter à la marque de l'année courante. Aucun marchand ne peut, pour quelque motif que ce soit, garder en sa possession des poids et mesures qui ne seraient pas revêtus de la marque de l'année. (a. du 17 avril 1839, art. 27 et 26.)

La marque au poinçon annuel est toujours une des 25 lettres de l'alphabet, renouvelée à chaque exercice, et remplacée par celle qui la suit immédiatement dans l'ordre alphabétique. Si on se rappelle maintenant qu'en 1853, cette lettre était la lettre A, il sera toujours facile de déterminer, au moyen du plus simple calcul, celle de l'année dans laquelle on se trouve. Cette lettre sera K pour 1863.

Visites périodiques.

Les assujettis sont tenus d'ouvrir leurs magasins, boutiques ou ateliers, et de ne pas quitter leur domicile le jour fixé pour les opérations périodiques dans la commune. La fermeture d'une boutique au jour indiqué serait un refus de subir la visite et une contravention dont l'autorité dresserait procès-verbal. Mais que cette infraction, soit ou non constatée, les marchands absents de leur domicile lors du passage du vérificateur, sont obligés, pour continuer leur commerce, de porter leurs poids et mesures à la marque annuelle au bureau du vérificateur.

Suspension des Balances

Suivant les règlements d'aministration publique, il appartient aux préfets de prescrire, pour leurs départements respectifs, la hauteur à laquelle doivent être suspendues au-dessus du sol les balance de magasin, et au-dessus de la table qui les supporte, les différentes balances de comptoir. Le défaut de hauteur règlementaire des balances constitue une infraction que les agents du service des poids et mesures constatent partout où elle se produit, attendu que ce défaut de hauteur est, de la part de plusieurs assujettis, un fait ayant pour but de fausser l'opération du pesage. D'où il suit, qu'il y a nécessité, pour tout marchand ou détaillant, de se tenir exactement au courant de ce qui se publie chaque année à cet égard dans le *Recueil des actes administratifs* du département où il a sa résidence. Généralement, les arrêtés préfectoraux concernant les vérifications périodiques des poids et mesures, fixent le mouvement de hauteur de chacun des plateaux à la quinzième partie de la longueur du fléau calculée de centre à centre des bassins.

Il reste à faire observer que toutes les balances dites de comptoir, doivent être montées avec des chaînes et non avec des cordes,- qui sont trop sujettes aux variations atmosphériques et à des causes permanentes d'humidité absorbée inégalement ; les règlements sans entrer dans aucun détail, ne parlent que de chaînes et jamais de cordes employées à la suspension des plateaux de ces instruments.

Conservation des poids et mesures

Les poids et mesures soumis à la vérification périodique doivent être dégagés de toute matière étrangère qui ne permettrait pas d'en apprécier immédiatement et exactement la justesse. Les assujettis doivent procéder à l'avance à cette opération, parce que si leurs poids et mesures n'étaient pas nettoyés convenablement, le vérificateur pourrait refuser de les vérifier ce qui les obligerait d'aller à son bureau au chef-lieu d'arrondissement, et en même temps à être poursuivis comme détenteurs d'instruments altérés ou défectueux.

Les mesures de capacité en étain demandent beaucoup de soin pour les préserver de l'oxydation. Elles demandent aussi, ainsi que les mesures en fer-blanc, à être maniées avec précaution, afin d'éviter de les fausser.

Détention des poids et mesures

Les poids et mesures sont *égaux* ou *illégaux*. Ces derniers se distinguent en poids et mesures faux ou inexacts et en poids et mesures seulement irréguliers :

Les poids et mesures faux ou inexacts sont ceux qui n'ont pas la capacité ou la pesanteur indiquée par le nom qu'ils portent.

Les poids et mesures irréguliers sont ceux qui sans être faux, ne sont pas revêtus des marques légales de vérification.

On distingue encore les poids et mesures à l'*ancien système*, qu'on peut ranger dans la catégorie des poids et mesures irréguliers, lorsqu'ils ne sont pas de plus faux ou inexacts.

La détention de poids et mesures irréguliers ou non poinçonnés est formellement interdite dans les boutiques, magasins, ateliers, etc., et le détenteur ne pourrait être relaxé des poursuites lors même qu'il prétendrait ne les employer qu'à son usage personnel (Cass. 9 juin

1839), ou qu'il établirait qu'ils n'étaient pas nécessaires à sa profession. (*Cassation*, 23 *juin* 1854).

La possession de poids et mesures faux ou inexacts constitue un délit puni d'une amende et de l'emprisonnement, lorsque le prévenu ne peut établir son excuse. (*Loi du* 27 *mars* 1851).

Quand à la détention de poids et mesures à l'ancien système, elle constitue un délit, de même que celle des poids et mesures dont nous venons de parler, lorsque les poids et mesures sont frauduleux (*C. d'Orléans*, 16 *novembre* 1852) ; elle constitue une simple contravention, comme celle des poids et mesures non poinçonnés, lorsque les poids et mesures ne diffèrent des poids et mesures décimaux que par la dénomination, par la forme et par la matière de leur fabrication. (*Loi du 4 juillet* 1837.)

Remontage et Rajustage

Le *remontage* d'un poids consiste dans le remplacement de l'une de ses parties essentielles : l'anneau, le lacet ou le plomb.

Le *rajustage*, consiste à retrancher du plomb à un poids lorsqu'il est trop lourd, où à y en ajouter lorsqu'il est trop léger.

Le remontage à neuf d'un poids non placé dans une des catégories de l'article 2 de l'ordonnance du 16 juin 1839, peut toujours avoir lieu, aussi bien que son rajustage ; le remontage est même obligatoire lorsque l'anneau est cassé ; car il n'est pas permis de passer un fil de fer dans le poids pour remplacer l'anneau.

Tout poids sur lequel la dénomination n'est pas indiquée d'une manière distincte et lisible, ne peut être remonté ni rajusté ; il doit être brisé sur le champ.

Pratique des poids et mesures

Il est ici un fait que personne ne doit ignorer: c'est que tout acheteur a le droit de s'assurer si les poids et mesures dont se sert le vendeur sont conformes à la loi. Voyons alors, pour le cas où il jugerait à propos d'user de son droit, quels sont les principaux caractères que doit présenter un instrument de pesage ou de mesurage pour faire présumer sa justesse et sa légalité.

Conformément à l'article 10 de l'ordonnance du 17 avril 1839, les poids et mesures nouvellement fabriqués ou rajustés sont présentés au bureau du vérificateur, et vérifiés avant d'être livrés au commerce.

Cette opération se constate par l'apposition d'un poinçon spécial, dont la forme a plusieurs fois varié.

Avant le premier empire, ce poinçon, désigné par le nom de *poinçon primitif*, consistait dans l'entrelacement des initiales des deux mots *République Française*. Sous Napoléon premier, il figurait l'*Aigle Impériale*; sous la restauration, *une fleur de lis*; sous Louis Philippe, *une fleur de lys*. Sous la république de 1848, il consistait en deux mains disposées de manière à rappeler l'*emblème de la bonne foi*. Le gouvernement de Napoléon III, a maintenu ce dernier poinçon.

Indépendamment de l'empreinte du poinçon les instruments de pesage et de mesurage reçoivent, en même temps, celle d'un second poinçon, portant le *numéro d'ordre* du bureau où ils sont admis à la vérification.

Les poids et mesures sont ensuite inspectés périodiquement dans leur usage par les vérificateurs, qui constatent chacune de leurs vérifications par l'application d'un troisième poinçon, nommé *poinçon annuel*. Ce dernier poinçon est toujours, ainsi que nous l'avons dit, une des 25 lettres de l'alphabet, remplacée à chaque exercice par celle qui la suit immédiatement dans l'ordre alphabétique.

Cela dit, il faut, pour s'assurer de la légalité d'un instrument de pesage et de mesurage, voir s'il porte la marque des poinçons dont nous venons de parler: le poinçon primitif, le poinçon d'ordre et le poinçon à la lettre de l'année courante.

Un autre droit que le consommateur peut faire valoir à l'occasion, c'est celui qu'il a de se faire servir avec la mesure effective de l'assortiment du marchand, la plus grande par rapport à la quantité de matière à mesurer. Ce droit existe également, bien entendu, quand il s'agit d'une opération de pesage.

Je veux dire, par exemple, que 5 kilogram. de beurre doivent se peser avec le poids de 5 kilogrammes et non avec 5 poids de 1 kilog.; que dix litres d'eau-de-vie doivent se mesurer avec le décalitre, et non avec le double litre, ni avec le litre.

—

SECONDE PARTIE.

Substances Commerciales

—

—

TROISIÈME PARTIE

Articles spéciaux

—

QUATRIÈME PARTIE

Législation et Règlementation

—

Débit de Boissons

Poids et Mesures

Règlementation

Dispositions règlementaires spéciales

FIN.

BIBLIOTHÈQUE UTILE A TOUS

PUBLIÉE PAR

FONTANIER, ÉDITEUR A SAINTES

(Charente-Inférieure)

Guide général de l'entrepreneur.

De l'ouvrier en bâtiment et du propriétaire.
— Ouvrage essentiellement utile aux architectes, entrepreneur, aux vérificateurs experts, aux ouvriers terrassiers, menuisiers et plâtriers, serruriers, peintre en bâtiments et généralement à toutes les personnes qui veulent elles-mêmes diriger leurs ouvriers et rédiger les mémoire, devis et marchés concernant les travaux d'art.—
Par Hilarion GIRARD, frère Mariste, 1 vol. in-12 Prix : 3 franc.

Le parfait Maître de Chai

Ou guide complet à l'usage des propriétaires de caves, des commerçants de liquides et de toutes les personnes qui ont des vins et eaux-de-vie à soigner et à manipuler, donnant sans aucun calcul le titre réel des alcools contenus dans chaque qualité de vin.

Un volume in-8°, orné de 10 grandes planches contenant ensemble 28 figures, représentant : 1° les alcoomètres Gay-Lussac, Beaumé, Cartier, Gilbert; le termomètre Gay-Lussac, de Rhéamur et de Farenheit, l'alambic Salleron. Les 6 couleurs types des eaux-de-vie, l'appareil à filtrer les eaux-de-vie et les esprits. — Par PEYROUX. Prix : 5 fr.

Pièces pour servir à l'histoire de la Saintonge et de l'Aunis. — Procès-verbal de l'assemblée des Trois-Ordres à la Senéchaussée de Saintonge convoquée et réunie à Saintes, le 16 mars 1859 pour l'élection des députés aux États généraux. 1 vol. in-8°, couverture imprimée. Prix 1 fr. 50 cent.

Le Grand-Jardin de l'Honnête Amour ou le guide des amans, seule édition complète. Vol. in-18. Prix : 1 fr.

Propagation et éducation des abeilles

en Algérie

AUGMENTATION DE LA CIRE

Méthode nouvelle pour la plantation des arbres à fruits, par M. François Nienaltowski, ex-membre de la Société agronomique polonaise, ex-capitaine des armées ottomanes, présentement Colon propriétaire à la Chiffa. Prix : 50 c.

LE MÉDECIN, le Chirurgien et le pharmacien

à la maison

Ou le meuble indispensable des familles, contenant : 1° Instruction détaillée sur la récolte des plantes médicinales usuelles que la nature nous fournit en abondance, les meilleurs remèdes et les moins chers ; 2° Choix de remèdes simples et faciles à mettre en usage, à la portée de tout le monde ; — 3° la Chirurgie populaire, ou instruction très-détaillée pour le pansement des maladies externes ; — 4° la Pharmacie des ménages, ou manière de composer soi-même toutes sortes de médicaments ; — 5° l'Herboristerie des familles, indication des plantes médicinales usuelles, et leur emploi pour chaque maladie, par GONTIER DE CHABANNE, avec la collaboration de plusieurs praticiens célèbres. 2me édition. Un beau volume in-8° de de plus de 500 pages. — Prix : 5 fr.

DEUXIÈME ÉDITION

LE CODE DE TOUT LE MONDE

Ou le le Nouvel Avocat conciliateur, répertoire universel de Législation, de Doctrine et de Jurisprudence en matière civile, commerciale et administrative, *ouvrage nécessaire* aux propriétaires, locataires, fermiers, domestiques, ouvriers, négociants, industriels, etc.; *utile* à MM. les maires, adjoints, secrétaires de la mairie, conseillers municipaux, instituteurs, gardes-champêtres et à toutes les classes de la société, par N.-J.-B. MAUGER, auteur de divers ouvrages d'Administration, etc. Un fort volume grand in-8° d'environ 500 pages, couverture imprimée. Prix 5 fr.— Un proverbe, dont tout le monde a pu reconnaître la sagesse, dit que *le meilleur des procès ne vaut rien.* Combien de personnes, en effet, ont regretté d'avoir entamé une lutte qui n'a abouti qu'à leur faire dépenser en frais de toute sorte une somme bien supérieure à celle qui faisait l'objet du procès! C'est cette idée qui nous a engagé à publier *le Code de tout monde, ou le Nouvel Avocat conciliateur.* Au moyen de ce livre, chacun pourra diriger légalement soi-même ses affaires. Toutes les choses qu'il importe à tout le monde de ne pas ignorer pour la bonne gestion de ses biens, les lois d'une application journalière et que chacun doit savoir, pour ainsi dire, par cœur pour n'être pas exposé à se nuire à chaque instant, sont présentées dans ce livre d'une manière claire, et à la portée des plus humbles intelligences.— L'ouvrage est suivi du formulaire complet de tous les actes que l'on peut faire sous-seing privé, ainsi que des pétitions, demandes, réclamations, plaintes, etc., à adresser aux autorités, et il indique à la suite de chaque acte, les droits de timbre et d'enregistrement.— Celui qui aura lu attentivement ce livre aura assitôt acquis cette clarté d'idées qui fait juger promptement de la portée et du fond des choses ; il sera en état de gérer convenablement ses affaires sans le secours, trop souvent désastreux, des hommes de loi.

LE MAITRE JARDINIER

Manuel complet d'horticulture à l'usage des habitants des villes et des campagnes. Contenant la théorie et l'application des connaissances nécessaires à la culture : 1º du jardin potager ; — 2º des Arbres fruitiers et des Pépinières, de la Greffe et de la Taille ; — 3º du Jardin d'agrément, culture spéciale des plantes de collections et d'amateurs ; — 4º du Jardin, des fenêtres et des appartements ; — 5º le Calendrier du Jardinier, etc. par GONTIER DE CHABANNE, ex-instituteur, professeur d'Horticulture et de Botanique. 2ᵉ Edition, revue avec soin. Un gros volume in-12 d'environ 400 pages très-compactes.— Prix : 3 fr. — Cet ouvrage, *le plus complet en cette matière*, est utile non-seulement aux professeurs d'horticulture, mais à tous les propriétaires et amateurs de jardins et de fleurs, et à toutes les personnes qui s'occupent d'agriculture, d'horticulture et d'arboriculture.

NOUVEAU MANUEL DE L'ESCOMPTEUR

Un beau volume in-12.— Prix : 3 fr. — Ce volume renferme la théorie de l'escompte, les explications pour connaître le nombre de jours de chaque mois de l'année, les différents taux de l'Escompte, depuis 4 p. 0/0 4 1/2, 5, 1/2 et 6, et les comptes faits et intérêts de tout capital, depuis un jusqu'à 366 jours.— Cet ouvrage est indispensable aux négociants, banquiers, commerçants, Trésoriers, comptables, et généralement à tous les Employés qui s'occupent de finances et à tous les Capitalistes.

Guide des Familles pour le choix d'un État

Ouvrage divisé en 4 parties distinctes indiquand les professions qui se rattachent : 1° à l'Agriculture ; 2° au commerce ; 3° A l'industrie, et 4° aux professions libérales, de manière à se rendre compte des dépenses qu'exigent les études, celles que demande l'instruction professionnelle, le temps à y employer, les aptitudes pour réussir, les chances d'avancement, les devoirs, etc. Par Ch. DOLIVET, instituteur du degré supérieur, auteur de plusieurs ouvrages sur l'enseignement. 4 beaux volumes in-12.— Prix: 6 fr.— Chaque volume se vend séparément 1 fr. 50 cent.

NOUVEAU MANUEL
Du métrage, cubage des solides et des bois

Un beau volume in-12, avec une belle planche lithographiée.— Prix: 2 fr. 25 c.— Contenant l'exposition du système légal des poids et mesures, les principes élémentaires de géométrie appliquée à la mesures des surfaces et aux volumes des corps, suivis de comptes faits pour mesurer les bois carrés, les bois en grume, etc. — Ouvrage indispensable à tous les ouvriers qui s'occupent de travaux de construction, marchands de boids, de pierres, etc.

Le Pétitionnaire Universel

Divisé en deux parties: la première comprend les modèles de pétitions adressées à LL. MM. II. l'Empereur et l'Impératrice, aux Ministres, au Sénat, au Corps législatif, aux Préfets aux Sous-Préfets, aux Membres des tribunaux, aux Directeurs des postes et à toutes les Administrations; la seconde comprend les formules d'actes usuels, sous-seing-privés, etc., etc., par Ch. Dolivet, auteur de plusieurs ouvrages sur l'enseignement. Un beau volume in-12. Prix: 1 fr. 50 centimes.— Ce livre est indispensable à tout le monde, parce qu'à chaque instant on peut avoir une pétition, une demande ou autre à adresser à l'Empereur, à ses Ministres, aux Préfets ou Sous-Préfets, à MM. les Maires, etc. Cet ouvrage se divise en deux parties : la première comprend les pétitions de toutes sortes; la seconde comprend les formules de tous les actes les plus usuels.

LE NOUVEL ECRIVAIN PUBLIC

Ou traité de correspondance pour tous les besoins. Un beau volume in-12. — Prix : 1 fr. 50 centimes. — ce livre traite du style spistolaire et contient des modèles de lettres, de compliments de bonne année, de fêtes, lettres de félicitations, d'invitation, de consolation et de condoléance, d'excuses et de pardon, de remercîments, de demandes, de recommandation, de conseils, de reproches et de plaintes, lettres de famille, de politesse, d'adieux, de faire part, lettres sérieuses et morales, d'amour, familières et badines; enfin une correspondance commerciale.

GUIDE PRATIQUE

Des Secrétaires de Mairies, à l'usage de MM. les Maires, Adjoints, Conseillers municipaux, Instituteurs, Gardes-Champêtres, etc., divisé en deux parties: la première comprend les documents nécessaires pour l'organisation municipale, et la seconde comprend toutes les formules d'actes usuels concernant lesdites Mairies; par N.-J.-B. MAUGER, auteur du *Manuel du Fabricien*, de l'*Avocat conciliateur*, etc , ancien secrétaire de mairie. Un beau volume in-12. Prix : 1 fr. 50 cent..

LE MANUEL DU FABRICIEN

Divisé en deux parties : la première comprend tous les renseignements relatifs à l'organisation des fabriques, et la seconde comprend toutes les formules des écrits que les fabriques d'églises nécessitent; par N.-J.-B. MAUGER. Un beau volume in-12. — Prix : 1 fr. 50 c.

Méthode facile de Tenue de Livres

Ou traité simplifié de comptabilité commerciale, contenant des Factures des Lettres de Voiture, les Connaissements, etc, et un Livre de Comptes courants qui permet de supprimer le Grand-Livre et d'abréger de beaucoup les écritures; à l'usage des commerçants, des industriels et des Ecoles primaires; Par Ch. DOLI-

VET, instituteur du degré supérieur, 3e Edition *augmentée d'une Comptabilité agricole pour les Propriétaires et les Cultivateurs.* Un beau vol. in-12. — Prix : 1 fr. 50 c.

Le livre utile à tout le Monde

Contenant un recueil très-complet de tarifs d'une application facile ; 1° au calcul des aux-de-vie jusqu'à 300 fr. l'hect. ; 2° au calcul des intérêts d'escompte jusqu'à 366 jours, au cubage, des bois équarris et en grume, contenant en outre *un nouveau Barême décimal*, par F. BOUCHAUD PRACEIQ. — 1 vol. in-8, prix : 3 fr. 50 c.

Nouveaux Comptes faits de Barême

En francs et centimes, contenant la théorie des premières opérations de l'Arithmétique, les Comptes faits depuis un centime jusqu'à 500 fr. la chose. Une seconde partie donne les Comptes faits pour la paye des journées des ouvriers, depuis 25 centimes jusqu'à 10 francs. Par M. DOLI-VET, instituteur du degré supérieur, auteur de plusieurs ouvrages sur l'enseignement. Un beau volume in-12. — Prix: 1 fr. 50 cent.

LE VIN SANS RAISIN

Ou manière de composer soi-même toutes sortes de boissons économiques, à l'usage des ménages. Depuis trois centimes le litre. Deux^me édition, augmentée de 27 recettes nouvelles et inédites. Un joli volume in-18. — Prix 1 fr

LE LIVRRE D'OR DES MÉNAGES.

Nouvelle encyclopédie générale des connaissances utiles d'agriculture, horticulture, économie domestique, recettes et procédés nouveaux. médecine et chirurgie usuelles, pharmacie des ménages, médecine vétérinaire, législation usuelle, apiculture et sériciculture, par M. DUMAIGRE, agronome distingué. Un fort volume in-12, de 500 pages. — Prix : 2 fr.

NOUVEAU MANUEL

Des écoles et des Familles chrétiennes ou

cours complet et gradué de lecture courante, divisé en quatre parties, formant 4 volumes in-12.— Prix : 2 fr. 40 c. Par H. FEUILLERET, professeur, rédigé suivant le dernier programme de M. le Ministre de l'instruction publique, chaque partie se vend séparément 60 centimes. La première partie est composée en gros caractères dits gros-romains ; la deuxième partie, en caractères moyens dits Saint-Augustin ; la troisième partie, en caractères plus fins dits petit-romain ; la quatrième partie de différentes sortes d'écritures graduées pour exercer à la lecture des manuscrits.

Petit trésor des Ecoles primaires

Ou nouveau choix de lectures graduées pour le premier âge, par Mᵐᵉ Caroline S., professeur auteur de plusieurs ouvrages de Piété, d'Histoire, d'Education, et de quelques traductions anglaises et latines. Seconde édition. 1 vol. in-18.— Prix : Broché 60 cent., cartonné 75 c.

LEÇONS DE GÉOGRAPHIE ÉLÉMENTAIRE

Destinées aux enfants du premier âge et aux

personnes qui n'ont que peu de temps à consacrer à cette étude. Par Mme Caroline S. Un volume in-18.— Prix : Broché 30 centimes, cartonné 40 c.

LA MÉDECINE DÉVOILÉE

Ou examen critique de la science médicale et démonstration de recourir aux renseignements de la nature qui ont servi de bases aux sages doctrines d'Hippocrate, par M. CHEVALLIER, pharmacien-chimiste, auteur de l'*Immense trésor*, un vol. in-8°.— Prix : 1 fr. 25.

---

histoire détaillée de l'Assassinat de M. Fualdès

Ancien magistrat de Rhodez, suivie des discours remarquables de M. Fualdès fils et de Madame Manson, ornée de six portraits très-ressemblants des principaux acteurs de ce drame célèbre. 1 volume in-12.— Prix : 50 c.

GUIDE DES JURÉS

Pendant la session de la cour d'assises, 1 vol. in-18.— Prix : 50 c.

LE SIÈGE DE LA ROCHELLE

Ou le malheur et la conscience, par Mme de GENLIS, 2 vol. in-12.— Prix 2 fr.

COURS ÉLÉMENTAIRE DE GÉOMÉTRIE

Rédigé spécialement pour les élèves des écoles primaires et des pensionnats, orné de planches. 5me édition, revue, corrigée et augmentée d'un petit traité d'arpentage, par J. BOYER. 1 vol. in-18, cartonné.— Prix : 75 c.

DE L'INFLUENCE DES CHAGRINS

Sur l'homme, higiène de l'affligé, par M. A. BIDART, docteur en médecine (à Arras), mem-

bre de la Société de médecine pratique de
Paris, de la Société impériale de médecine de
Bordeaux, de l'Académie royale de médecine
et de chirurgie de Madrid, de la Société des
Sciences médicales et naturelles de Bruxelles, de
la Société des sciences et des arts de Lille, de
celle de Boulogne sur Mer, etc., etc., Un vol.
in-12. — Prix: 1 fr. 50 c.

ROYAN. — LA ROCHELLE. — FOURRAS

ITINÉRAIRES DES BAIGNEURS

Ou guide d'un étranger dans la Charente-
Inférieure. Un beau volume in-12, orné de gra-
vures, cartonné avec couverture lithographiée.
Prix: 1 fr. 50 c.

L'ÉTUDE DE LA LECTURE

Réduite à sa plus simple expression, précédée
d'une méthode pratique à l'usage des classes
nombreuses. Par M. J. SAULSE, ex-régent de
sixième au Mans, revue par le commandant

Saulse, son père ouvrage dédié à S. Exc. le maréchal Magnan, commandant en chef de l'armée de Paris. 1 vol. in-12. Prix : 75 c.

IMMENSE TRÉSOR

Des Sciences et des arts ou les Secrets de l'industrie dévoilés, contenant 840 Recettes et procédés inédits, par J.-P. CHEVALLIER, pharmacien-Chimiste à Amiens, ancien Elève des Ecoles de Paris, des Hôpitaux de première classe, ex-professeur de Géographie et de Mathématiques, membre de l'Académie Impériale des Sciences, Inscriptions et Belles-Lettres du Gard de la commision permanente du congrès médical de France, de la Société de Géographie de Paris, de celle d'encouragement pour l'industrie nationale, de la Société Linnéenne de Bordeaux, des Sciences Chimiques, physiques et arts agricoles et industriels de France, et de plusieurs autres sociétés de Pharmacie, littéraires et scientifiques. Dixième édition, revue, corrigée et augmentée de 110 recettes inédites. Un joli volume in-8°, couverture imprimée. Prix : 5 fr.

Extrait des nouvelles Recettes ajoutées à la

10me Edition de l'immense Trésor

Moyen de teindre et de parfumer les fleurs.
Procédé pour hâter la maturité du raisin.
Nouvelle peinture à l'oxychlorure.
L'art de faire le pain sans levain.
Gravures sur pierres et poteries.
Gravure en relief sur ardoise.
Argenture des tissus et des étoffes.
Le rouge de sorgho.
Formation artificielle de l'acide tartrique.
Procédé pour la désinfection des alcools.
Méthode pour la rectification des alcools.
Extraire les corps étrangers des paupières.
Moyen d'anéantir la cuscute.
Alliage métallique que l'on peut modeler avec
   les doigts.
Préparation de l'écume de mer artificielle.
Moyen de combattre les incendies.
Bois artificiel.
Pour rendre imperméables toutes sortes de tis-
   sus
Remède infaillible contre la coqueluche.
Nettoyage des couvertures de laine.
Baromètre vivant.
Moyen populaire pour guérir les panaris.
Moyen pour empêcher la vigne de geler.
Moyen d'économiser l'avoine.
Lessives économiques.
Procédés pour la régénération des plantes.
Du revenu des abeilles.
Nouvelle greffe.
Destruction des courtilières.
Destruction des insectes qui dévorent les grains.

Les fleurs suspendues.
Lessive économique et rapide.
Le riz sec.
Le bambou.
Lettre sur les vins mousseux.
Liqueur de thé.
De la probabilité d'obtenir des cocons mâles ou femelles à volonté.
Soins à donner à la basse-cour.
Fécondation des fleurs par les abeilles.
Moyen de conserver les instruments aratoires.
Races gallines.
Pinçage de la vigne.
Le noyer est à greffer.
Bois de chauffage.
Conservation des échalas et bois de jardin.
Nouveau ver à soie.
Engraissement des poulardes.
Conservation des foins.
Avis aux baigneurs.
Moyen de prévenir les accidents en mangeant des champignons.
Constation de l'âge d'un cheval.
Engelures.
Gerçures des mains, des pieds, des lèvres, et des seins.

Coryza aigu.
Engravée.

ERRATUM.

Page 286, Pièces pour servir à l'histoire de la Saintonge, 4e ligne, au lieu de 1859, lisez : 1789.

Saintes, — Typ. de J. LASSUS, place du Synode, 1.

REVUE AGRICOLE ET COMMERCIALE

Aperçu. — Le mouvement sur les céréales a été .|è.
sensible : Le décret qui permettait l'importation en |
n'a pas été renouvelé. De là une reprise vive dans la|
sule, pour Cuba, où les farines se vendent 40 fr. les 1|
tandis que le 1er choix n'atteint guères que 29 fr. à P|

Pour les blés, en France, le nombre des marchés en|e
est plus grand que le nombre des marchés en baisse : la|
est en moyenne de 0,15 c.

Une erreur grave est à signaler : le commerce des l|
quiète à tort bien des agriculteurs, qui ont cru , par ex|o
que les blés de Russie pouvaient compromettre la ve|
blés français. L'hectolitre, à Saint-Pétersbourg, est à |
à Odessa 16 70, les moindres qualités de 16 à 15. Imp|
donc de les amener en France à un prix inférieur aux |
Au contraire, nos blés français à Londres se sont vendu|
95 l'hectolitre, et nos bonnes qualités de farines 34 fr. |
kil.; les mêmes, à Paris, 29 fr. 30.

Le vin fait tort à la bière et aux houblons qui tiennent |
Les huiles d'olive ont haussé de 10 fr. à Bordeaux.

Blé. — Halle de Paris : choix 16 50 à 16 80 ; 1re q|
16 à 16 35 ; 2e qté 15 35 à 15 70 l'hectolitre.

Farines. — Halle de de Paris : blanches , les 100 k|
choix 29 fr. 30 ; 1re marque 28 »» à 28 65 ; 2e 27 40|
70 ; 3e 26 »» à 26 75 ; bisos 2e marque, 24 65 à 23 ; |
50 à 18 »».

Vins. — Entrepôt de Paris, l'hectolitre — Bourgogne|
naire , 45 à 50 fr.; vieux , 65 à 80 ; Montagne, 35 à|
Bordeaux ordinaire vieux, 65 à 70 ; nouveau, 40 à 58 ; |
30 à 38 ; Rouvray (1858), 30 à 38 ; Narbonne (1858),|
45 ; Beaugency, 30 à 35 ; Roussillon (1858), 30 à 35 ;|
jou (1858), 30 à 38 ; Lons-le-Saulnier, 15 à 20 ; Nanc|
à 20 ; Metz, 15 à 20 ; Surgères, 8 à 10 ; Bourges, 12 à|
Ruffec, 14 à 18 ; Châtellerault, 11 à 15 ; Draguignan , |
Pézénas, 8 à 15 ; Cette, 6 à 10 ; Aunis, 12 à 13.

Alcools et Eaux-de-vie , l'hectolitre. — Paris, 3/6 de|
terave (90°) 69 à 70 ; 3/6 de Montpellier disponible, 74|
Avignon , 3/6 de garance , 38 à 40. Bordeaux, 3/6 Mont|
lier disponible, 70 ; 3/6 fin, 1re qté (90°), 72 ; Armagnac (|
60 ; Cognac, eau-de-vie nouv. de Champagne , 115 à 1|
nouv. des bois , 90 à 95; la Rochelle, disponible , 65 à |
Jarnac, eau-de-vie nouvelle des bois, 80.

www.ingramcontent.com/pod-product-compliance
Ingram Content Group UK Ltd.
Pitfield, Milton Keynes, MK11 3LW, UK
UKHW022325090726
13658UKWH00001B/88